法学家编《法学》卷

1979~1984

张遵修 著

中国大百科全书出版社

图书在版编目（CIP）数据

法学家编《法学》卷：1979-1984 / 张遵修著. -- 北京：中国大百科全书出版社，2021.4
ISBN 978-7-5202-0949-6

Ⅰ.①法… Ⅱ.①张… Ⅲ.①法学家—生平事迹—中国—1979-1984 Ⅳ.①K825.19

中国版本图书馆CIP数据核字（2021）第059796号

责任编辑　赵　焱
责任印制　邹景峰
装帧设计　谭德毅

出版发行　中国大百科全书出版社
地　　址　北京市阜成门北大街 17 号
邮政编码　100037
电　　话　010-88390617
网　　址　http://www.ecph.com.cn
印　　刷　北京君升印刷有限公司
开　　本　710 毫米 × 1000 毫米　1/16
印　　张　12.25
字　　数　100 千字
印　　次　2021 年 4 月第 1 版　2021 年 4 月第 1 次印刷
书　　号　ISBN 978-7-5202-0949-6
定　　价　58.00 元

目　录

前　言 …… 1

走出监狱编百科全书——姜椿芳志在启蒙 …… 1
出版社收到一封信——《法学》卷工作起步 …… 5
一位慈祥的老人——张友渔领导《法学》卷工作 …… 8
在日坛的几项决定——成立编写组 …… 12
初识长者潘念之——把作者和编辑作为“一家人” …… 15
一次卓有成效的愉悦的聚会——编委会成立拟出工作计划 …… 19
第一个编写组审稿会议——中国法制史和中国法律思想史 …… 24
各编写组陆续开会审稿——张友渔抓得很紧 …… 28
为了一个条目——钱端升准备撰写 …… 30
从来信中找到的编委——徐平有建议 …… 38
刑法学家意外失踪——曾昭琼和进口国外法学书刊 …… 41
收到一笔“编辑费”——罗马法学家周枏被偷 …… 45
责任重于名义——陈体强抱病审改书稿 …… 49
是君子，是绅士——李浩培的言与行 …… 59
铁骨铮铮的学者——陈守一有不为人知的事 …… 63
一次成功的谈心——曾庆敏说服王珉灿 …… 72

实现了张友渔老的设想——编写组审稿基本完成 …… 75
1982 年炎夏——编委审稿会 …… 78
勇于承担任务——吴建璠接手改进中国法制史 …… 86
解决了最后一个难题——促成国际经济法分支 …… 89
名师出高徒 ——王名扬是李浩培弟子 …… 104
关于资料核实——法学家给予了大力帮助 …… 108
名不正则言不顺——法学家帮助完成译名统一 …… 112
搜集配图的年轻法学家——俞建平是专家配图 …… 123
不必批判——编委会上强有力的声音 …… 126
主编们的包容——出版社编排分离带来的问题 …… 128
告诉读者有书了——张友渔老亲自做宣传 …… 130
贯彻始终的长者潘念之——再记我们的编委会副主任 …… 137
筚路蓝缕的法学工程——法学家们的总结 …… 152
谦谦君子，师长之风——韩德培关心《法学》卷的修订 …… 171
百尺竿头，更进一步——关于《法学》修订版 …… 176

后　记 …… 187

前　言

作为《中国大百科全书》第一版《法学》卷的责任编辑，我手边有许多过去与法学大师们工作来往的信件和有关文件，我已年过九十，很怕这些珍贵文件在我死后流失。没想到出版社发来通知，向我们征集编纂百科全书过程中有价值的文物，真是太好了，那些珍贵文件可以由出版社保存了。

2015年6月30日，我将整理好的文档交到社里，当时的社长龚莉见到这些资料，希望我能据以整理成书。之后不久，当时还健在的百岁老友于友打电话给我，问我在忙什么，我将整理档案的事告诉了他。于友曾于中国大百科全书出版社成立初期在社里工作过，后随副总编辑刘尊棋离社，创建英文《中国日报》(*China Daily*)，任副总编辑。他在电话中也说应当把那些档案整理成书。我问他："出了书有谁看?"他说："我看。"我又问："像你想看这书的有几个人?"他说："《法学》卷的出版有一定的特殊性，把档案整理出书，可以作为出版史上的一点资料。"

他的话启发了我。《法学》卷的特殊性不仅在物质方面，更在学术方面。

《法学》卷编辑出版时，虽与现在只相隔三十多年，但物质情况有很大的不同。那时没有电脑排版，还靠活字印刷，不过铅字代替了古老的木质刻字。已是20世纪80年代的北京，电话还很少，在大学里系主任才相当于处级干部，家里有电话，若只有教授职称，即使是世界知名的学术大师，也没有电话。编书几年与几十位学者联系，全靠走访与书信。那时更见不到私家车，偌大一个北京市里，只在西单等地有很少的几家出租车公司，用车要到公司去叫。而且车的质量也差，有一次陪陈体强去看王铁崖，半路上车坏了，只好下车，满心愧疚地陪着多病的体强先生步行二三百米走到公共汽车站，乘公交车前往。

总编辑姜椿芳设计《中国大百科全书》第一版按学科分卷出版，这一决策非常符合实际需要。《中国大百科全书》第一版最早出版的一卷是《天文学》卷，于1980年12月出版，到1993年各学科卷出齐，时隔十几年。早年稿齐的学科卷如等到1993年出版，就要不断更新资料了。按学科分卷出版，既有利于一个学科卷稿齐就先出书，也有利于读者购买。而法学能否编撰出版当时曾受到质疑。因为此前中国曾有一段法律虚无的年代，高等院校法律系大多取消，许多法学家成为"右派"，被迫离开法学教研岗位，流散四方，所以，北京大学教授、《中国大百科全书》法学编委会委员张国华到日本参加一次学术会议时，就有一位日本学者问他："中国的百科全书按学科分卷，法学卷大概是编不出来的吧？"这就是编撰《法学》卷在学术上的特殊意义。

其实，中国有法学家在，有他们胸中造诣深厚的学术在，有他们期望国家民主法治的迫切心情在，就能编出《法学》卷。中共十一届三中全会后，法学家们纷纷归队。参与编撰的法学家，都曾亲历帝国主义侵略和独裁统治的岁月，他们认为编撰《法学》卷有利于促进国家的民主法治，所以受到中国大百科全书出版社约请时，都以责无旁贷的心情，在中国法学百业待兴的情况下，不惧繁忙、不辞辛苦、不计报酬地投入编撰工作，使《法学》卷工作从1979年起步，1983年编撰完成，到1984年就出版问世了。当然卷中还有当时不可避免的问题和缺点，但可以告诉那位持有怀疑态度的日本学者说：中国大百科全书中的《法学》卷编辑出来了。

常有年轻的法学硕士、博士来我家，问我关于大师们的往事。老前辈们仙逝了，我有幸通过编书，同长者们有过接触，听过教诲，很乐于为年轻人讲述大师们当年编书时的言行往事，现在我就写给没见过大师们的读者，请读者从这不够完全的往事回忆中，看看当年法学家们是以一种什么样的精神从事这项工作的吧。

文中写到学者时，为读者阅读简便，常常略去尊称直写姓名，希望老前辈们在天之灵能原谅我这不得已的失礼。

2017年9月4日一稿

2018年4月26日二稿

2020年6月1日三稿

刘国辉社长2020年春节前光临舍下，说社里已决定出版《法学家编〈法学〉卷》。日前责任编辑赵焱告诉我刘社长在百忙之中审读了全部书稿，做了一些修改，并对编辑工作的最后阶段做了几项指示。现在书稿已定，即将出版。

张遵修

2021年3月12日补记

走出监狱编百科全书

——姜椿芳志在启蒙

没有老前辈姜椿芳，就没有《中国大百科全书》，更不会有其中的《法学》卷。

姜老1912年诞生于江苏常州一个贫苦的店员家庭。由于商店倒闭，他父亲失业，他就随父母到哈尔滨去寻求生计。他在极为贫困的境遇中，刻苦学习俄文。1930年他18岁就进了哈尔滨光华通讯社担任俄文翻译。

1931年秋“九一八”事变，这年夏天姜椿芳就参加了反帝大同盟，随后加入共青团，1932年转为中共党员。在腥风血雨的东北沦陷区，他作为党员做了大量地下革命工作。他们家就是中共的一个重要堡垒，常以请客吃饭的形式举行地下党员会议。1933年5月，中共满洲省委在他家举行扩大会议，确定了当时东北党组织的中心任务是执行反日民族革命统一战线，联合一切反日力量，开展反日斗争和反日游击战争。他的家还掩护过抗日名将杨靖宇等中共在东北的重要领导人。

1949 年他按中共中央华东局的指示，创办上海俄文学校（上海外国语大学的前身），担任校长。1953 年到北京担任中共中央编译局副局长。“文革”期间他难逃一劫。他在狱中就认为“文革”是错误的，而群众拥护的狂热让他深思。他认为是中国两千多年的帝王专制统治，造就了百姓对权力的服从。群众愚昧，应当在中国开展启蒙运动。他想到了 18 世纪狄德罗在法国编百科全书的启蒙作用，于是他下决心，如果能活着出狱，就不再当校长、局长，要编百科全书。当然现在网络的启蒙作用远远超过了百科全书，但当年姜椿芳在狱中根本不可能想到几十年后会有网络。

姜老终于活着出狱了。为实现抱负，他四处奔走，筹备出书。编百科全书是一项艰巨复杂的系统工程，要编出一套能够代表国家水平的百科全书更具有极大的难度。姜老知难而上，四处奔走，他所撰写的《关于编辑出版〈中国大百科全书〉的请示报告》发表后在学术界引起了轰动。1978 年 11 月，中国大百科全书出版社成立，姜老任总编辑。[①]

《法学》卷起步时，姜老到法学家们聚会的大会上讲话，说明编百科全书的必要性与迫切性，希望大家积极参与编撰工作。他提到：1972 年我国恢复了在联合国的席位，联合国图书馆里陈列着各国的百科全书，而唯独没有我们中国的；“文革”期间圣马力诺送给我们一套他们国家的百科全书，而当时我们能够还赠的，只是一本小小的

① 编者注：1978 年 11 月 18 日，国务院转发《关于编辑出版〈中国大百科全书〉的请示报告》和《补充报告》，批准建立以胡乔木为主任的总编辑委员会，成立中国大百科全书出版社和上海分社。1979 年 4 月 29 日，国家出版局批准姜椿芳任中国大百科全书出版社临时领导小组组长。1983 年 4 月 11 日，中宣部任命姜椿芳为中国大百科全书出版社总编辑。

《新华字典》。在座的法学家们听了，既有志于积极投入中国的百科全书的编撰，更想通过编《中国大百科全书》中的《法学》卷促进国家的民主法治。

会后有人说姜老的记忆力真好，讲话不用看稿。实际上是姜老患有青光眼，已经无法看稿了，他审《法学》卷中的稿件，都是听读的。他给我们的批示，相邻两字的边缘常常是重叠在一起的。

作为总编辑，姜老视野广阔、思想活跃，而且解放。《中国大百科全书》里收不收在世人物，姜老决定要收；《体育》卷问一个在“文革”期间失足的著名运动员能不能收，姜老决定要收；《考古学》卷问身在中国台湾地区的考古学家收不收，姜老回答要收。

事无巨细，我们遇到问题，随时请示，姜老随时予以解决。例如《法学》卷对于魏玛宪法应不应当加书名号，争论双方意见相持不下。主张加的认为这是一部宪法，不主张加的认为这不是正式名称。姜老指示要加。他说虽然不是正式名称，但比它的正式名称更为人们所熟悉，是法，就应当加。这样，读者一见有书名号，就可以知道书名号内不是书刊报纸，就是法律、条约，很明确。这对后来我们区分作为多边国际协定的《关税及贸易总协定》和执行这个协定的联合国专门机构“关税及贸易总协定”十分有利。

法学编辑组人多了，十五平米的办公室容纳不下，只好租远郊区一处招待所办公。1983 年初，姜老乘一辆面包车到招待所来，还带来图书馆、财务、总务等各方面人员，要求各部门为《法学》卷“开绿灯”，从各方面支持这一卷的工作。

我们还不止一次地晚上到姜老家请示工作。每一次谈完了，他总要送，虽一再恳请他留步，他还要摸索着送到大门口，并且说谢谢，还关切地问乘几路车回家，下车后离家还有多远，当知道不过百余米远时，才放心。有一次晚上十点去他家，我为那么晚去打扰他而抱歉，他反而和蔼地劝慰我，要求从容地谈，把问题谈透，还告诉我们，他晚上工作，十点钟是刚刚开始。一年一年、朝朝暮暮，他为工作四处奔波，夜以继日，可以说，为了百科事业他奉献出自己全部的晚年和健康。

当年谈笑风生的编委们现在已有多人谢世，姜老也于 1987 年永远地离开了我们。还有许多位学术大师带着他们的满腹学问离开了人间，所以姜老说过，《中国大百科全书》要抢救当时高龄学者的胸中财富。从这一点来说，《法学》卷在一定程度上实现了在法学界的抢救任务。

姜老是教育家，上海俄专的学生至迟暮之年都还在想念他们和蔼慈祥的老校长；姜老也是翻译家、出版家；姜老更是一位思想家，中国需要启蒙是他思想的闪光点，他为此而奋力拼搏。当然，20 世纪的中国不是 17~18 世纪的欧洲，述而不论的《中国大百科全书》也不同于当年狄德罗主编的包含若干评论的百科全书的风格，但无论如何，第一套《中国大百科全书》毕竟在中国诞生了。随后各种以百科全书命名的书籍，包括各个学科、各个专业、各个地区、各个年龄段的百科全书，在社会上不断涌现，极大地丰富了中国的文化广场。与此同时，姜老也把自己铸就成为“中国的百科全书之父”。

正因为有了《中国大百科全书》，才有了其中的《法学》卷。

出版社收到一封信

——《法学》卷工作起步

出版社刚成立时，是借版本图书馆的六间平房起家。一个单间是领导办公室；两间打通的是行政部门，人事处长、会计、总务、收发、司机都在这里，就连后来担任中共第十三届中央委员、书记处书记兼统战部部长的阎明复，当时帮助姜老创建出版社时是临时领导小组成员，后担任副总编辑，我也是在这间房里找到他的。另外三间是打通的，又用书架分隔成三个部分，挤挤地摆着十七张小办公桌。坐在里边的人要出来，旁边的人就要站起，把座椅推到办公桌下，侧身站立让路。来自上海的胡实声，晚上就从书架顶上取下被褥，睡在办公桌上。房子坐南朝北，冬天，一次次开门时，一米高的火炉也抵挡不住凛冽北风一阵阵袭入的寒冷。

大家坐在这样的房子里办公，感受着从来没有过的体验。为填补中国没有百科全书的空白，大家满怀创业激情，意气风发地工作，环境越艰苦越感到珍贵。

出版社筹备组于 1978 年 7 月开始在北京北总布胡同的版本图

书馆办公，到冬天时编辑部已有三十多人，十七张办公桌怎么坐得下？原来，很多人都出差了。姜老说，很多学术造诣深厚的学者都已进入暮年，要我们抢救他们胸中的宝贵财富，于是编辑们纷纷出访，或在北京，或到外地。其实，姜老自己早已拜访过许多学科的学术权威。例如姜老在拜访中国社会科学院考古所所长、《中国大百科全书·考古学》卷编委会主任夏鼐时，夏老希望编辑部翻译外国考古资料以作为编《考古学》卷的参考。姜老也曾访问过法学界老前辈钱端升。钱端升说："编百科全书工程浩大，只有姜椿芳有这个魄力，我没有。"

就是在这六间平房里，1979 年 3 月，出版社收到一封信，是中国社会科学院法学研究所寄来的公函，约出版社派人参加即将召开的全国法学规划会议。①

老法学家张友渔在"文革"中受到冲击，出版社成立后还没有落实政策，姜椿芳就约请他老人家临时到出版社帮忙，领导社会科学方面的编辑工作。收到法学所公函后，张老找我谈话，让我参加法学规划会议，并考虑《法学》卷的筹备工作。我说我是政治学系毕业的，除宪法、国际法外，民法、刑法、诉讼法等法学中重要的部门法都没学过，恐怕不能胜任张老交付的工作。张老让我先去参加会议，和法学家们联系着，等出版社来了法律系毕业的编辑，再把工作移交给他。于是我十分胆怯地接受了任务。

出版社后来一直没有进法律系毕业的人才，社里借调来曾在人民出版社工作过的老编辑唐飞霄与我共同担任责任编辑，他也是政治学系毕业的。法学编辑组逐渐扩大到十几个、二十个人，我们都在工作

---

① 编者注：1979 年 3 月 21～31 日，中国社会科学院法学研究所在北京召开全国法学规划会议。

中学习、在学习中工作，直到出书。而《法学》卷工作最初的起步，就是由法学所寄来的那封约出版社派人参加法学会议的公函开始的，从此，《法学》卷的编撰提上了工作日程。《法学》卷的编撰，是同全国法学教学研究工作的恢复同时起步的。

一位慈祥的老人

——张友渔领导《法学》卷工作

中国大百科全书总编委会副主任、法学编委会主任张友渔是法学家、新闻学家、国际问题专家。1899 年生，山西灵石人。1923 年毕业于山西省立第一师范学校，继入国立法政大学法律系。1927 年加入中国共产党。1930 年赴日留学，“九一八”事变后，因反对日本侵略中国被驱逐。回国后在北平任《世界日报》总主笔，兼任燕京大学、中国大学、民国大学、中法大学、北平大学法商学院教授（附带说一句：张老曾笑着对我们说，去燕京大学所得报酬，只够去北平郊区燕京大学的车费）。在此期间，从事文化统战工作，创办《世界论坛》《时代文化》等杂志。“七七”事变后去济南、开封、香港、重庆等地，曾任《新华日报》代总编辑、社长。抗战胜利后任中共代表团顾问，参加国共谈判。此前此后，还曾担任一些地区的党政领导。1949 年以后，历任中共北京市委副书记、书记处书记，北京市常务副市长等。

这样的张老怎么到出版社来的呢？缘由就出于 1966 年那场灾难。“文革”爆发，张友渔自然难逃此劫，到 1978 年出版社成立时，他还没有落实政策。趁此机会，总编辑姜椿芳有幸请张老到社，我们更有幸在张老的直接领导下工作。

1979 年 3 月，张友渔对编辑部人员说："《中国大百科全书》按学科分卷，各学科卷的编委会的组织，要根据不同学科学术界的具体情况来安排……《法学》卷可以先同中国社会科学院法学研究所编撰《法学词典》的负责人联系，这部词典计划今年定稿，他们已经选定了词目，研究了资料，也有了一支撰写队伍，百科去找他们，可以避免初创阶段学术研究上的重复劳动。当然，百科全书和词典的要求不同，在词典原有的基础上，还要继续聘请一些分支学科知名的学者担任分支学科的正、副主编，加强编委会的队伍……百科全书是知识总汇，介绍学术上前人研究的成果，应当具有权威性。百科全书不是让什么人在书上发表署名文章而出名，是我们要借作者学术造诣高深的声誉，来反映《百科全书》的学术性和权威性……"

张友渔当时因为还没得到政策落实，自己无法参加全国法学规划会议，就安排我去，在会外与我电话联系指导。每晚十点半以前，我在电话机旁边等张老电话，汇报当天会议情况，敬听张老第二天的工作安排，每次大约要谈半小时。有一天我汇报说，会务组与出版社研究，安排总编辑姜椿芳讲话，介绍出版《中国大百科全书》的计划，希望得到法学家对编撰《法学》卷的支持，会议地点在公安部礼堂。张老说："公安部不好进，你明天最好戴着会议代表标志，陪姜老一起进公安部；如果你不能回去①，要同姜老联系好，你在公安部门口等；如果你来不及等，你就到会议秘书处要一张会议汽车通行证，无论如何要在开会之前送回出版社。"八旬老人，竟安排如此细致。

① 编者注：当时作者驻会。

规划会议之后，张老带我去访问一些老法学家，请他们参加编撰工作。十年“文革”，亲友疏离，久别重逢，宛如隔世，大家都想知道那些年老朋友是怎么过的。访问陈守一时，他问张老住在哪里，张老回答住在韩幽桐家，说完宾主都笑了。韩幽桐就是张老的夫人，于1926年加入中国共产党，也是一位法学家，当时担任中国社会科学院法学研究所副所长，宿舍就在崇文门附近的永安里，是很一般的住房。不久之后，张老任中国社会科学院副院长，搬家到复兴门外木樨地老百姓称之为“部长楼”的楼里，有一套五室一厅的住房，张老在最靠门口的一个单间办公，屋里家具极其简单，还有几个纸箱子，可能里边装的是书吧。张老就在这里接待各方来访者，也在这里听取我们汇报并安排工作。有一次到张老家比预约的时间晚了几分钟，张老是非常要求准时的，我便说明电梯停了，我是爬上九楼的，张老笑着说：“我还爬过两次呢！”

7月份，张老又在编辑部讲话，提出中国大百科全书出版社是中国大百科全书总编委会的工作班子。出版社的任务不仅仅是出版一套百科全书，在社内，还要积累一套资料，培养一支编百科的队伍；在社外，要通过编撰百科全书，加强学术界的团结，促进学术研究的繁荣……编撰工作包含着学术研究工作，编百科全书不是少数人能完成的事情，要靠成千上万的学者们的共同努力；要在工作中加强学术界的团结，编辑部人员首先要加强同学者们的团结，做好工作。

张老同我们个别谈话，从来都是慢声细语，还常常面带微笑，和蔼慈祥，我们在敬意中倍感亲切。有一次《中国历史》卷责任编辑杨川向张老诉苦，说自己的意见正确但是不被支持，张老缓缓地以安慰的口吻说：“为了团结，我放弃过自己非原则性的正确意见。”有时碰到别人来找张老求助，张老以无奈的口吻回答："我帮不了你的忙。"每次谈完工作离开时，张老都扶着桌子站起来目送我们出门。

他老人家不但从事中国社会科学院副院长的工作，还是全国人大常务委员会委员兼法律委员会副主任，宪法修改委员会副秘书长，参与 1982 年宪法起草，并参与了许多法律的制定工作；此外，还是中国法学会会长、中国政治学会会长。由于公务繁忙，张老无法具体领导《法学》卷的工作，便委托老法学家潘念之担任法学编委会副主任，具体领导《法学》卷的编撰工作。钱端升认为这一委托极为恰当，是得其人哉。

虽然委托了潘念之，从 1979 年 5 月第一次编委筹备组会议到 1983 年 10 月全卷书稿付排前的编委会，张老都参加或主持。1984 年 9 月《法学》卷出版问世，12 月份《人民日报》上发表了张老的文章，向读者介绍《法学》卷出版了，称"这是我国法学家一个可喜的贡献"。

至此，张老的领导任务可以告一段落了吧？还没有。1986 年，在《法学》出版一年半以后，张老要开一次编委会总结《法学》卷的工作。张老一呼，编委们纷纷热烈响应。潘念之老人由夫人陪同从上海、姚梅镇教授由博士生扶持从武汉来到北京。大家花了两天时间，认真讨论，总结成绩、优点，指出缺点、问题，为《法学》卷的修订、提高指出了方向。

我们当面向张老请示汇报的情况不多，主要是书面汇报，张老阅毕都有指示退回。《法学》卷的工作就像风筝，拴着风筝的这条线，紧紧地握在张老手里。

在日坛的几项决定

——成立编写组

《法学词典》由中国社会科学院法学研究所刑法研究员曾庆敏负责，他约请在法学教研岗位上和还没有归队的法学家共同编撰。张友渔也参加了这项工作。他说曾庆敏编《法学词典》，已经了解了当时残缺不全的法学界的一些情况，组织起编撰词典的人员班底，我们可以把这些学者请到一起，为《法学》卷的工作做些准备。

1979 年 5 月，我们请到编写词典的在京学者，在日坛开了两天会。张友渔希望到会学者将法学划分成若干分支学科，并指定各学科负责人拟出在《法学》卷上本学科的选条。出版社总编辑姜椿芳说，所拟选条一定会经过多次修改，到最后各科都成定稿，就形成了《法学》卷的条目总表，也就是编撰《法学》卷的框架，有了框架，学者们就可以动手执笔了。

到会学者表示，法学分支学科的划分是学术问题，不是几个人可以决定的。法学界对分支学科的划分存在着不同意见，为了编撰工作和读者将来检索查阅的方便，可以划分一些分支学科，但不可能是法学界的共识。于是会上提出了二十个分支学科，并指定了本学科选条的负责人。张友渔特别请陈体强先拟出百科全书式的国际法的选条作为样本。不久，陈体强就拟出包括七个层次的国际法选条，出版社印发给其他学科草拟选条的负责人参考。

百科全书的质量至关重要。参与《法学》卷编辑工作的人员中，有国际知名的法学大师，有人不是。如何保证《法学》卷的质量，使每个条目都能达到预期的水平？一个分支学科的主编审其分支学科的书稿就能保证分支所有条目的质量吗？这个问题，让编委会主任张友渔反复思考了很久。老人家终于想出一个办法：条目的质量由法学家们集体把关。一个分支学科的正、副主编，约请这个分支的相关部门法学家三五人，成立编写组对这个分支的书稿，共同审阅，讨论研究、修改，而后定稿。

会上决定成立了十个编写组。有的是一个部门法成立一个编写组，如民法、刑法；有的是两个部门法成立一个编写组，如宪法和行政法，民事诉讼和刑事诉讼；有的则是三个学科成立一个编写组，如刑事侦查学、法医学和司法精神病学。各编写组将分别审定各分支学科的书稿。

全国法学一盘棋，会上张友渔说，《法学词典》正在编撰，《法学》卷的工作不要拉了词典工作的后腿，待词典编撰完成，《法学》卷再开始工作。姜椿芳也同意《法学》卷要为《法学词典》让路。

张老指示我要常与曾庆敏联系，向他请教。此次会前我去访问曾庆敏，当他第一次听说中国的百科全书要编《法学》卷时，非常高兴，认为这是一件非常重要的事。我每次向他请教，他都不厌其烦地指导我。有时他到出版社来，那时的出版社已搬进东城史家胡同一所不大的平房院里办公，曾庆敏同我在只有一张长桌、几把椅子的会议室里谈工作，慨叹说“我们是小房子办大事”；更多的时候是我到他家，他夫人傅宽芝也是刑法研究员，对我们的工作非常支持。从一开始，法学家曾庆敏就把编百科全书的这个学科卷当成自己的事。有时我们对工作意见有所不同，虽不至于争得面红耳赤，但仍在争论，最后取得意见一致，这都是为了怎样把书编好。《法学》卷出版至今已经三十多年了，曾庆敏与我都已进入老年，但我们通过电脑还有信件联系。他还审阅了记录刑法编写组审稿会等两篇与他有关的文稿。

初识长者潘念之

——把作者和编辑作为"一家人"

1979 年 9 月，负责《法学词典》工作的曾庆敏找我，说词典的编撰工作已经完成，从 10 月份要在杭州与上海辞书出版社编辑人员一同统稿，约我们同往，在词典统稿前先安排四天讨论百科《法学》卷的选条。这样安排真好。于是贺亚林（后来是《中国大百科全书 · 教育》卷责任编辑）和我去了杭州。

会议由《中国大百科全书》法学编委会副主任潘念之主持。他老人家与张友渔年龄相近，气质相似，也是一位非常慈祥的长者。只记得那年春天他老人家到北京见到张友渔时，两位耄耋老友久别重逢，脸上是由衷的亲切喜悦的笑容；这次到杭州，才具体体会到潘老的领导作风。

这次会上，潘老让大家对各分支选条逐一进行讨论，提出修改意见。四天会毕，亚林和我向潘老告辞，没想到潘老说："你们不能走！"我们正在惊奇，潘老接着说："我让各分支学科负责人根据大家提出的意见修改选条，10 月 15 日以前交出来。你们将修改过的选条带回去打印，就是《法学》卷框架的初稿。把初稿寄给能找到的法学家征求意见，再作修改。你们要在 10 月 15 日以后再走。”

潘老几句话，立即改变了我原来把法学家看成是作者一方、我们是编辑的一方的想法，“双方”是“一家人”了。潘老就是我们的直接领导。有这样认真负责的领导，真是太幸运了。张友渔曾在对出版社全体人员讲话中说，中国大百科全书出版社的编辑部，就是中国大百科全书总编委会的工作班子，此时我们有了切身体会。

10 月中旬我们回到北京，飞机快到北京的时候，空姐报告：“北京地面温度是 8 摄氏度。”她的报告对我们丝毫无用，我们穿着的是行前单薄的衣服，没有厚衣服可加。北京的 10 月降温很快，走出机场，真冷，但我们心里热乎乎的，因为我们带回了框架初稿，还有了非常认真负责的领导。潘老的安排把《法学》卷的工作加快了一大步。

当时出版社在上海有分社，后来我接到分社领导陈虞孙的电话，叫我再去杭州商请潘老组织力量编译一套国外法学知识译丛。到杭州时，《法学词典》刚刚统稿完毕，学者们纷纷离杭回京。潘老由师母陪同照顾，滞留杭州，所带衣物较多，我就先陪二老回上海。到上海，夜已深，出站后有两人来接。一辆小汽车除司机之外只能坐四个人，刚好他们两人陪潘老和师母回家，我就请潘老和师母上车，说自己去招待所。不料一向非常慈祥的潘老竟然怒了，板着面孔呵斥我：“我就不喜欢你这个样子！”一声训斥，更缩短了彼此的距离，领导变成了家长。幸亏街上已无行人车辆，我就上车挤在师母身边，先送二老到万航渡路潘老的家。到家门口，我惊奇地发现，他们和小儿子三个人只住在两间小平房里，每间房子不过十平米左右。大家跟着潘老编书，谁也不知老人家的坎坷经历。

我们遵照潘老之嘱，将框架初稿寄给能找到的法学家，几十位法学家热情地回信，我们根据来信中所提意见，对框架做了修改，然后将改稿、再改稿寄给潘老。潘老来信指示说：“条目表大体已定，不必再多花工夫，因为写稿和审稿中还可能有变动，现在只是一个大架子，把释文写出来看，缺什么再补什么，琐碎的可以酌予合并。”潘老指示我们抓紧准备下一步的工作，安排好编委扩大会议。

潘老诞生于1902年，浙江新昌人，青年时代参加反帝反封建斗争，1925年加入中国共产党。1928年曾在日本就读于东京明治大学法学部，回国后继续从事党的工作，并执教于上海法学院等校，著有《宪法论初步》（1940）等书。1949年以后，执教于复旦大学、华东政法学院，曾任华东政法学院副院长、上海社会科学院法学研究所副所长、上海社会科学院顾问、中国法学会顾问。潘老不仅是《中国大百科全书》法学编委会副主任，还是总编委会委员。

潘老的家，后来从万航渡路搬到淮海路，是一套有三居室的房子，二老住一间、儿子住一间，另一间算是厅吧。这间房里，迎门一张再普通不过的方桌，旁边两把木椅；左右墙前各一茶几、两把椅子，潘老就是在这间极为简单质朴的房子里，多次同我们谈《法学》卷工作的。再后来潘老又带着儿子、儿媳妇、孙子搬到康平路上一套更大一些的房子，这是潘老逝世后我去慰问师母时见到的，布置仍然简单朴素，潘老关心的不是个人的生活，而是国家的法治。

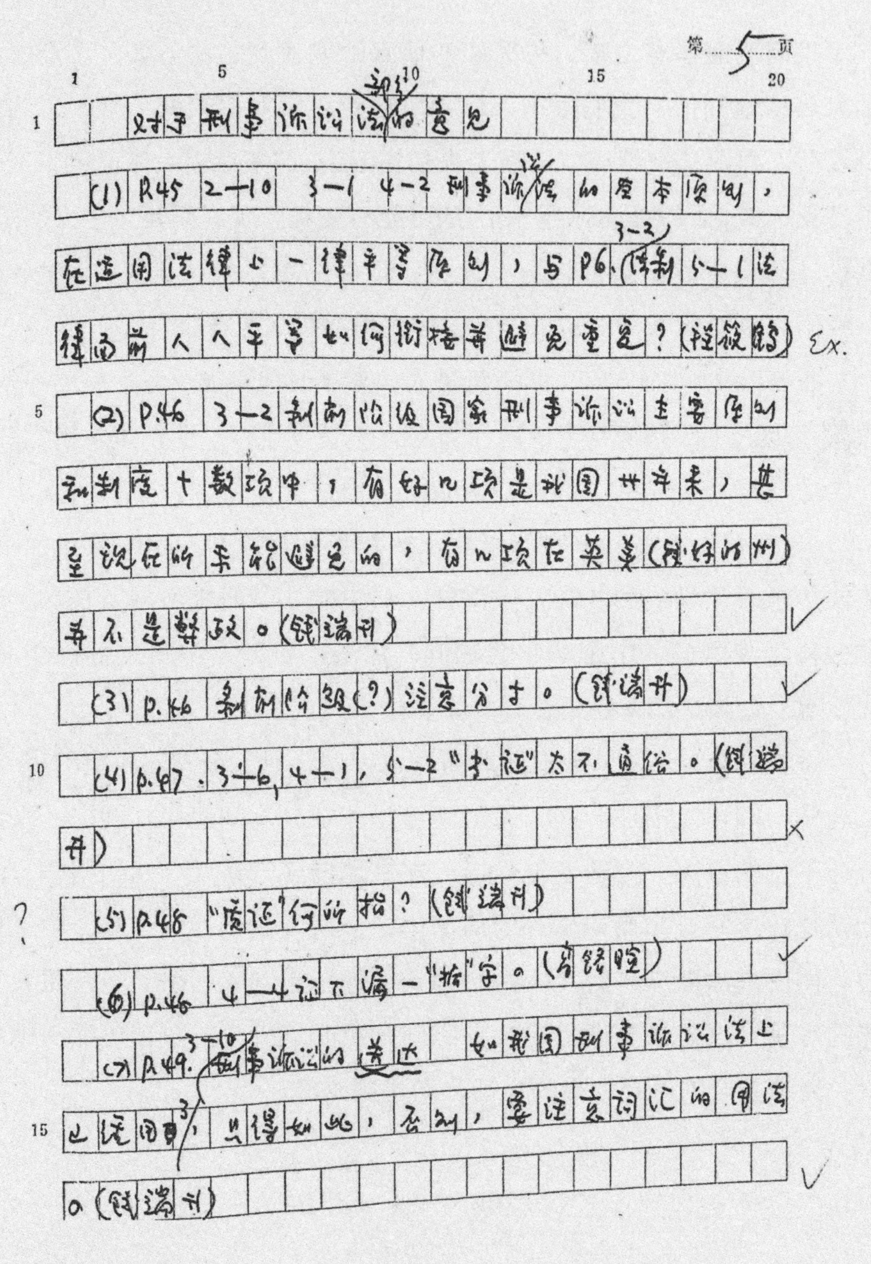

第 5 页

对于刑事诉讼法部分的意见

(1) P.45 2—10 3—1 4—2 刑事诉讼法的基本原则，在适用法律上一律平等原则，与P.6 3—2 (原刑) 5—1 法律面前人人平等如何衔接并避免重复？(程筱鹤) Ex.

(2) P.46 3—2 剥削阶级国家刑事诉讼主要原则和制度十数项中，有好几项是我国卅年来，甚至现在所未能避免的，有几项在英美（除好几州）并不是既成。(钱端升) ✓

(3) P.46 剥削阶级(?)注意分寸。(钱端升) ✓

(4) P.47 3—6, 4—1, 5—2 "书证"太不通俗。(钱端升) ×

(5) P.48 "质证"何所指？(钱端升) ?

(6) P.46 4—4 证下漏一"据"字。(肖蔚暄) ✓

(7) P.49 3—10 刑事诉讼的送达 如我国刑事诉讼法上已使用，只得如此，否则，要注意词汇的用法。(钱端升) ✓

法学家对条目框架提出意见，这是编辑部据以归纳的其中一页意见

一次卓有成效的愉悦的聚会

——编委会成立拟出工作计划

1980年3月，大形势是祖国进入“文革”结束后的春天，人们心情舒畅，就在这时，要在北京召开《中国大百科全书》法学编委扩大会议，研究编《法学》卷诸问题。之所以称为编委扩大会议，是因为到会人员除编委外，还请了许多撰稿人到会。这次会议是《法学》卷编撰工作中的一次关键性会议，会上决定了工作中的许多问题。在法学教学科研荒芜了若干年之后，到会学者对这个讨论法学的会议都深感兴趣。而且，法学家们曾流放四方，在会上久别重逢，十分欢快。会前气氛就十分热烈，还有学者帮助工作，潘念之从上海来，就是中年学者姚壮从车站把潘老接到会场的。

会议于8日开始，14日结束。8日上午的会议由法学编委会主任张友渔主持。他先笑着告诉大家，他负责编《法学》卷只是挂了个名，实际工作都是潘老（念之）做的。接着他扼要介绍了一年来的准备工作：划了21个分支学科，成立了10个编写组，各组负责人拟出本学科的选条，去年9月在杭州，由潘老主持进行讨论，修订成《法学》

1933

上海

PL0730 LQ0667 NY454 P SHANGHAI CP5860 33 1 1705

(2560) 1728 6690 0208 BEIJING

2053 0226 3175 7871 4453 2621 4151 9907 0451 0079

我们派方程去广7日到京

7030 2585 3382 0719 8002 3184 0008 0171 0668 0694

开会潘周五浦不来可否

6153 6567 0707 1728 5071 3382 1819 0037

请转告叶老潘念之

潘念之那时用这种电报，通知出版社在什么时候都有谁来参加会议

卷的条目总表（征求意见稿），寄法学界征求意见，收到回信 52 封，钱端升老先生是在医院住院，举着放大镜认真读了条目总表，提出许多宝贵意见的。去年 9 月，潘老还安排了 22 条试写条目的任务，这些样条带到这次会上来，他希望大家把这 22 个样条，像解剖麻雀一样，对照百科全书的释文体例，分析讨论。这个会还要定出编写计划，并根据初步拟出的编委会正副主任及分支学科主编名单，在会上讨论通过，正式成立法学编委会。张友渔最后说，法学界现在非常忙，希望大家再挤时间，为编撰《法学》卷努力。

中国大百科全书总编委会副主任于光远讲话，希望大家解放思想进行编撰。这是一个严重的话题。1957 年“大鸣大放”期间，许多法学家由于提了“司法独立 ”“无罪推定”等意见，因而没有逃过“反右运动”的一劫。那些法学术语被指责为“法言法语”，“法言法语”就是右派言论。张友渔说，《法学》卷是介绍法学知识的工具书，释文中必须使用法学术语，这可是当年因而蒙难的“法言法语”啊！

学者们带着永远无法抚平的经历了22年受到严重伤害的心灵伤痕，坦然说必须解放思想，《法学》卷的任务就是要把“法言法语”解释清楚。

当时法学百废待兴，高等院校要恢复或新建法律系，众多报纸杂志要刊登普及法律知识的文章，许多法律要制定，需要法学家参与起草、修改，就连司法方面也有法学家受到约请。在这里顺便讲一个笑话：一位法学家应约为被告“四人帮”辩护，他妻子说：“你要去为他们辩护，咱们先离婚！”参与编撰《法学》卷的许多法学教授要授课、备课、带研究生、编写教材；司法部教育司副司长王珉灿在会上承认，司法部主持编撰高等院校统编法学教材，必然要影响到学者们编撰《法学》卷的时间和精力。法学家们当时真是大忙。潘念之在会上的发言中就惋惜地表示，学者在本单位都有本职工作，社会上还有额外要求，编《法学》卷没有一个专职人员！即便如此，到会学者对编好《法学》卷锐意不减。

在潘念之主持下，会议认真讨论了许多问题，包括如何贯彻马列主义指导思想的问题，条目释文的学术深度问题，体现百家争鸣防止一家之言的问题，如何保证资料的准确性从而可以让读者引用作为依据的问题，报道古今中外如何以中国为主、现代为主的问题，分支学科间条目内容的交叉及《法学》卷条目同其他学科卷条目的交叉问题，编写组集体审稿及其时间安排问题，等等，都涉及《法学》卷的质量。

会议经过认真讨论，学者们取得共识，最后确定了法学编委会正副主任，各分支学科主编人选，编委会正式成立。

这个会，学者们乘兴而来，带着要编好半经典性的《法学》卷的

中华人民共和国外交部用笺

中国大百科全书出版社社会科学编辑部：

法学卷分编委扩大会议开会通知已收到。我因患目疾，两次手术后迄未全愈，又因工作关系，不能参加会议为歉，除托李浩培同志转告外，特向会议请假，希予谅察。

此致

敬礼

倪征燠

1980年3月7日

第　　页

外交部法律顾问倪征燠不能参加法学编委扩大会议的来信（注：当时称法学编委会为分编委会，下同）

快意而去。会上会后，框架第五稿中所列条目，全部落实到作者，《法学》卷的工作，进入了撰稿和随之而来的编写组审稿阶段。

潘念之很重视卷中“法学”这个条目，在会上对其撰写提纲，也在会上进行了讨论研究。

学者们提出了许多问题，也提出了解决问题的办法。

潘老认为大家情绪很高，有的问题很有学术水平，会开得很好。

这次会议确定了由张友渔设想的工作程序，即撰稿人写出书稿后，要先交由五六位学者组成的编写组审阅讨论、修改交稿后，再交给编辑部。会上也初步定出编写组审定全部分支学科稿件交给编辑部的日期。

第一个编写组审稿会议

——中国法制史和中国法律思想史

1980年3月，编委扩大会议安排了全卷十个编写组的审稿日期，中国法制史和中国法律思想史编写组审稿会就安排在当年10月，是最早的一个审稿会。依计划，编写组会议自10月5日至29日如期举行。到会学者六人：陈盛清（中国法制史主编）、张晋藩（中国法制史副主编）、高恒、蒲坚、张国华（中国法律思想史主编）、饶鑫贤（中国法律思想史副主编）。这六人中有三人是北京大学教授，北大法律系主任陈守一表示，这三位教授参加审稿会议，无须急于返校授课，教学任务系里可以妥善安排，如果需要再多的人参加会议，系里也支持。陈盛清执教于安徽大学，为争取到会学者能到安徽大学做学术报告，要求会议在合肥召开，从而使会议得到了安徽大学校方和安大法律系的大力支持，不仅校方为会议安排好宾馆，派了一位职工担任会务人员，法律系还将有关中国法制史和中国法律思想史的书籍，连同书架用卡车送到会场，以备会议期间必要的检索查阅。校方表示，编百科全书、特别是编《法学》卷，是国家大事。

这次开会，使《法学》卷的工作进入编写组审稿阶段。编委会安排编写组会议的任务是，审定分支学科的全部条目，交出版社编辑部。但是法学家们太忙，两个分支学科共有 203 个条目，截至 9 月底，只收到 135 个条目的释文，15 万字，占全部稿件的 3/5。会议决定尽快催齐书稿，待稿齐后再开编写组会议审定。

已经收到的稿件，大多是作者在百忙中克服困难，挤时间写出来的。有的内容丰富，资料翔实，还有的是学术上的“开荒”之作，作者是下了很大功夫的。六位法学家逐篇审读稿件，非常认真，讨论十分热烈。讨论一篇稿件时，发言常常是：文章的第几页、第几行哪句话需要研究，第几页、第几段的论述不够妥当……讨论涉及的问题有中国法律产生的几种学说，南北朝时期何以北朝法律流传下来，法制的兴废与历史变革的关系，为什么中国古代刑法发达民法不发达，具体到魏末晋初法学家张斐的名字应当是斐还是裴，等等。法学家们是在研究稿件，我们从旁听着，他们仿佛是在进行学术讨论。

稿件的学术内容虽然具有水平，但有不少篇不符合百科全书的释文体例。在 3 月编委扩大会议上曾印发了体例，也进行过解释，学者们也结合样条进行过讨论，但印象不深。这次在小范围内再作解释，更用几篇书稿举例，得到了学者的理解和重视，并且拟出中国法制史和中国法律思想史释文体例的补充规定。编写组进而把条目分为总论、制度、法规、犯罪、刑罚、学派、人物、著作等不同类型，为各种类型的条目提出撰写规范。会议还提出，由于引用古籍，释文中的文言文较多，处理办法是：凡引文与作者的语言谐和、相得益彰、读者容易了解的，引原文；凡必须引用而又古奥难懂的，要用现代规范化汉语解释；凡原文难于为读者理解的，不引原文，译意说明。

经过半个多月的研讨，会议结束，编写组将一部分认为学术上没有问题的稿件交给编辑部，对认为学术上还有待补充、修改的，或退作者修改，或由主编修改后再交编辑部。这六位法学家组成的编写组，既是一支撰写稿件的队伍，又是对书稿在学术上进行审修的队伍。

在讨论书稿时，张晋藩指出陈盛清写的“中华法系”条中，关于中国法制史以刑法为中心的提法不妥，不能说中国法制史就是中国刑法史，在中国古代法律中，行政法就很完整，《秦律》中就有经济法，等等。编辑部出席这次会议的，有社会科学编辑部主任丘国栋、《法学》卷责任编辑唐飞霄和我，我们以为张晋藩的这个意见只是对“中华法系”这个条目提出的意见，没有意识到陈盛清作为中国法制史的主编，他的学术思想必然影响他拟出的选条框架，直到我们编读了中国法制史的全部稿件，才发现所有条目大都是刑法的内容。我们几次请他增收刑法以外的条目，他都没有同意。他认为中国法制史就是刑法史，这是他的学术观点，也是他的一家之言。编辑部不同意他的观点，几次书信往返商讨，意见始终不能取得一致，只能把分歧提交到编委会。1982 年夏天的编委会上，大家对这个问题进行了激烈争论，编委会副主任潘念之认真听取大家意见，决定扩大中国法制史的范畴，增收条目，这才使中国法制史这个分支学科内容可以比较完整，问题得以解决。

编写组审稿会议后，我们收到《中国刑法史》作者蔡枢衡的来信，要我们寄还他为《法学》卷中国法制史分支学科写的书稿，重新审读修改。蔡枢衡生于1904年，逝世于1983年。此信为1980年所写，在他逝世前三年

各编写组陆续开会审稿

——张友渔抓得很紧

继 1980 年 10 月中国法制史和中国法律思想史编写组审稿会后，各分支学科编写组陆续开会，讨论、修改本分支学科的稿件。《法学》卷的书稿，从作者交来初稿到最后定稿付排，首先要经过分支学科编写组成员审读、讨论、修改，是为一审定稿；分支学科中的重要条目，还须经过编委会集体讨论修改；全卷最重要的条目，由编委会正副主任张友渔、潘念之审定，才是最后定稿，可以付排。

1981 年 1 月，刑法编写组开会。刑法审稿计划分两次进行，1 月先审刑法总则条目，分则条目到 8 月再开会研究。1 月的会原应由主编曾庆敏主持，但他突然生病急诊住院，刑法编写组成员曾昭琼义不容辞地主持了这次会议，使总则条目基本定稿。

法学基础理论编写组会议也在 1 月份召开。执教于中国人民大学的郭宇昭是这个编写组主编，主持会议。副主编齐乃宽是上海法学研究所研究员，他几次来信都说在忙些什么，的确是非常忙，当时法学百废待兴，法学家们都忙得不得了，但齐乃宽还是在百忙中来到北京，参加了这次编写组讨论稿件的会议。

当时尚未归队的老法学家周枬担任民法分支学科副主编，他家住上海，委托经济法主编关怀代他催索在京的民法学家们撰写的民法条目的稿件，因为编《法学词典》时关怀管过民法词目。1980 年，有一天关怀写信要求见张友渔，张老就在 9 月 5 日向全国政协请了半天假接见我们。编委会上原定在 1981 年春召开的民法编写组会议恐怕不能召开，因为大家都太忙了，稿件催不上来，关怀问民法编写组会议是不是可以延期到 7 月份召开，张老斩钉截铁地回答："不能！"张老对关怀说："会期推迟了，到时候还收不齐稿件，怎么办？大家都忙，可以分一些写作任务给别人，要抓重点条目，先难后易，剩下一些小条目，到审稿时突击完成。"

张老曾经创办过报刊，担任过《新华日报》领导，身为法学家，熟悉编辑组稿工作。他老人家笑着对我们说："你约他年底交稿，他快到年底才写；你约他 6 月底交稿，他快到 6 月底才写！现在法学界的人都忙，但是每个人都把工作分出轻重缓急，你把交稿日期定得早，他认为是急事，就先办了。全卷工作必须抓紧，进度不能松口。"

由于张老抓得紧，到 1981 年底，共收到书稿 154 万字，约占全卷书稿总量的 3/4，而且都经过编写组讨论，对书稿进行了审读修改，达到一审基本定稿的水平。

虽然一审基本定稿，但有待这些法学家们完成的工作还有许多：要回答编辑部提出的稿件中的问题，要帮助我们核查引用资料的准确，要复审我们文字改动后的书稿有没有造成学术上的不妥，还要交叉审阅其他分支的稿件，参加编委审稿会，等等。法学家们的确还有许多工作要做。

为了一个条目

——钱端升准备撰写

政治学家、法学家钱端升老前辈是《中国大百科全书·政治学》卷顾问、《法学》卷编委。我奉法学编委会副主任潘念之所嘱，前往探望钱先生。这里的“先生”两字不是对男性的一般称谓，我们读书时对中学老师、大学教授，无论男女，都称先生。

钱先生看到我很高兴，问我是否去看过陈体强、余叔通，他们两位也是法学编委。陈体强是钱先生最亲密、最器重的学生，钱先生难忘当年陈体强全神贯注听讲的神情；余叔通曾担任过钱先生的秘书。钱先生问我怎样去找他们，我说乘公交车，下车再走或长或短的路。钱先生说我一定很累，我说不累，只是我胆小，怕过马路，在斑马线的人行道上也怕车。师母说：“你怕车，钱先生连人都怕。对面有人走来，钱先生马上靠边紧贴墙站稳，就怕被撞倒。”这是在1980年，先生80岁，走路都怕人撞倒，说明先生身体已经相当衰弱了。钱先生原来有一所包括三个院落的很好的房子，由于担任全国政协委员、常委等职，为了便于到政协开会，搬到政协前面一所四合院居住，就近可以走到政协，所以在人行道上怕被人撞倒。

虽然精力已经不足，但先生听说潘念之约请自己为《法学》卷撰写“议会”这个条目时，一口答应，说很愿意为百科全书撰写。钱先生是世界知名的国家法（包括宪法）学者，一生关心国家政治。他 24 岁取得哈佛大学博士学位回国，执教于清华大学时就说：“士愈多则世愈盛，而国愈治；反之则世愈衰而国愈乱。”所以先生积极从事教育工作，一生中培养出众多学术造诣很深的学者。他参与了 1954 年的宪法起草工作，担任过许多重要职务。他赞扬姜椿芳创编百科全书的勇气，愿为百科全书写作。政治学家许崇德说，他在北京图书馆（今中国国家图书馆）见到了钱先生，为写这个条目，由孙子扶持到馆查阅资料。

为写这个条目，先生给我写了好几封信。

第一封是 1980 年 5 月 9 日写的。

遵修同学：

4.20 信早收到，代借 Parliament of the World 同时收到。我适不在家，故唐君没有见到。你热伤风谅已早愈，甚念。

“议会”一条，说费事不太费事，说不费事却是需查查一些出处，翻翻书本。我一个人难成事者，在此。汝楫搞此，恐亦嫌生疏，故尚未与谈及。过四五天后，我当有一段时期（可能过半个月）较为清静，或索性自为之。写成草稿（其草如此信）后，请你找人代抄清稿，再作最后校正，长度当在四五千字至六七千字之间。这样做，六月二十左右亦总可缴卷，你看如何？

所借书字小不易看，但仍需暂留我处。

此祝

日祺

端升

五月九日

从这封信看，先生兴致极高，拟在不到两个月的时间完成撰稿任务。

6 月 5 日先生来信说，已着手写作，但存在两个问题：一是字数问题，一是看了《法学》卷宪法分支学科的选条，感到有的条目内容与“议会”条有重复，要解决。

书稿一直迟迟没有寄来，我们也不忍催。直到 10 月 15 日，先生来信说要与杜汝楫合写，两人署名，但随即我们收到杜汝楫的来信，说他实在没有时间与钱先生合写这个条目。

12 月 12 日先生来信说：“不幸目力日退，医嘱不阅不写，以致不敢动笔。老伴的负担已不轻，不能请她代笔。我看只好由你们找人代写……可面告我考虑到的，供他考虑，但我决不具名矣。”

先生一直惦记着撰写“议会”这个条目，但 1981 年 3 月 4 日来信，说“自春节以来，多病缠身，住院十天，病似更多更麻烦。出院后，虽有时也出去开开会，但精力眼力都难以应付写作，《百科》‘议会’一条事，看来我是无能为力的了”。

当然，先生的身体远比《法学》卷上的一个条目重要。我们收到先生这封信时，真是百感交集。出版社刚成立的时候，总编辑姜椿芳强调，当时编百科全书要抢救老一代学者的胸中财富。钱先生虽然没能写这个条目，也足以看到老前辈对编撰百科全书的重视。先生于1990 年逝世，《法学》卷上虽然没能留下先生的文章，但先生有许多巨著留世，2017 年中国政法大学建立了首任校长钱端升的纪念馆，展出了先生一生的著作言行。

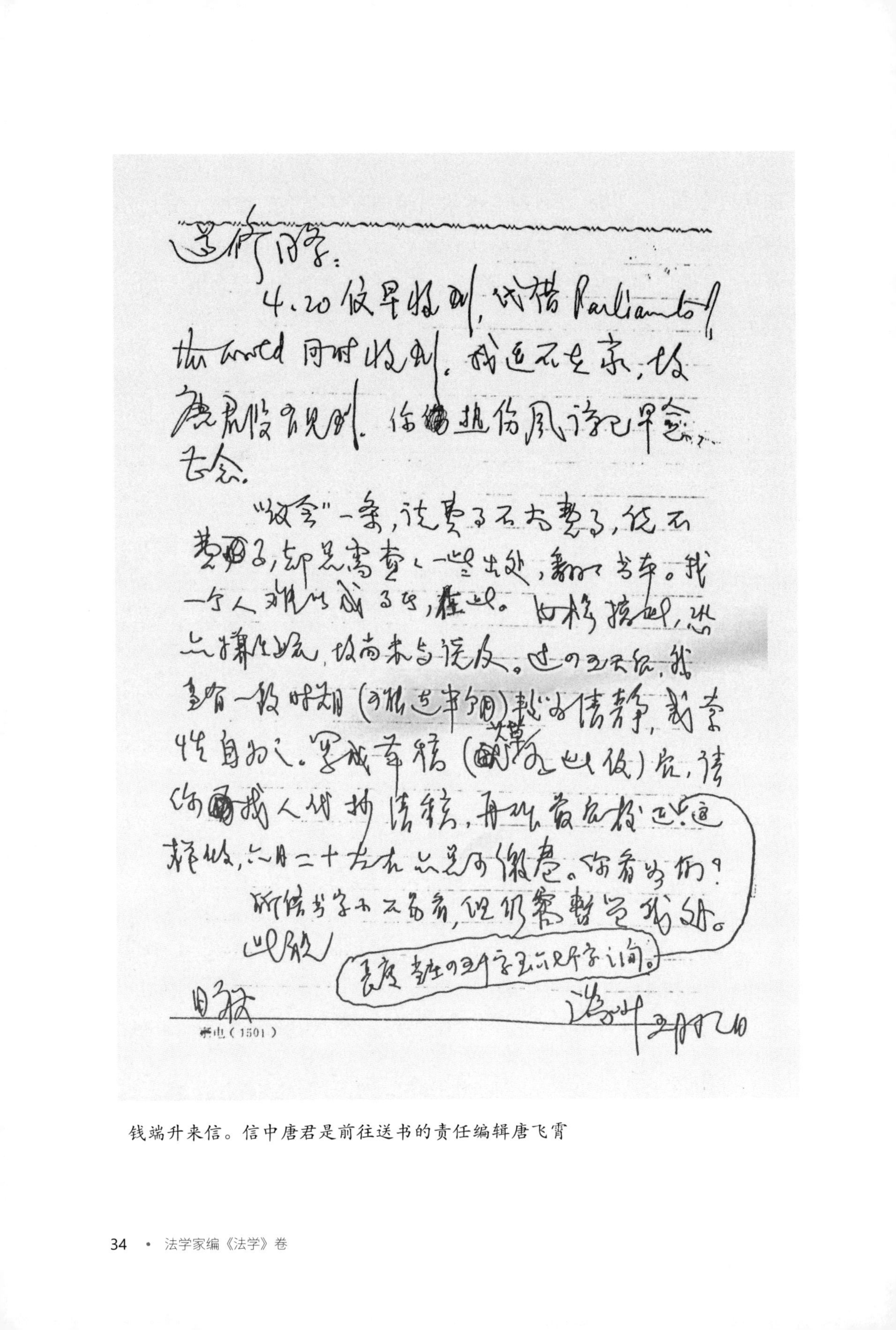

钱端升来信。信中唐君是前往送书的责任编辑唐飞霄

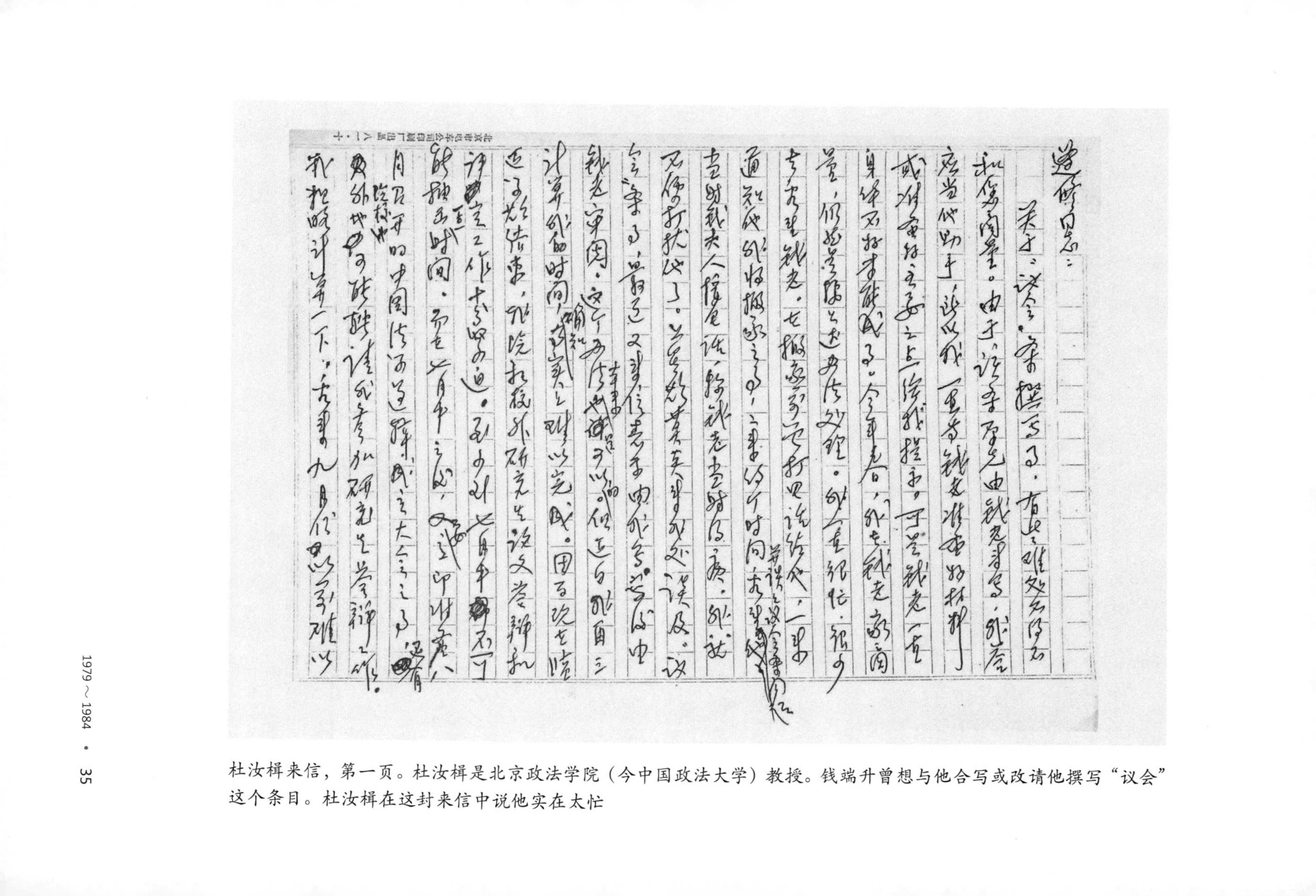

杜汝楫来信，第一页。杜汝楫是北京政法学院（今中国政法大学）教授。钱端升曾想与他合写或改请他撰写“议会”这个条目。杜汝楫在这封来信中说他实在太忙

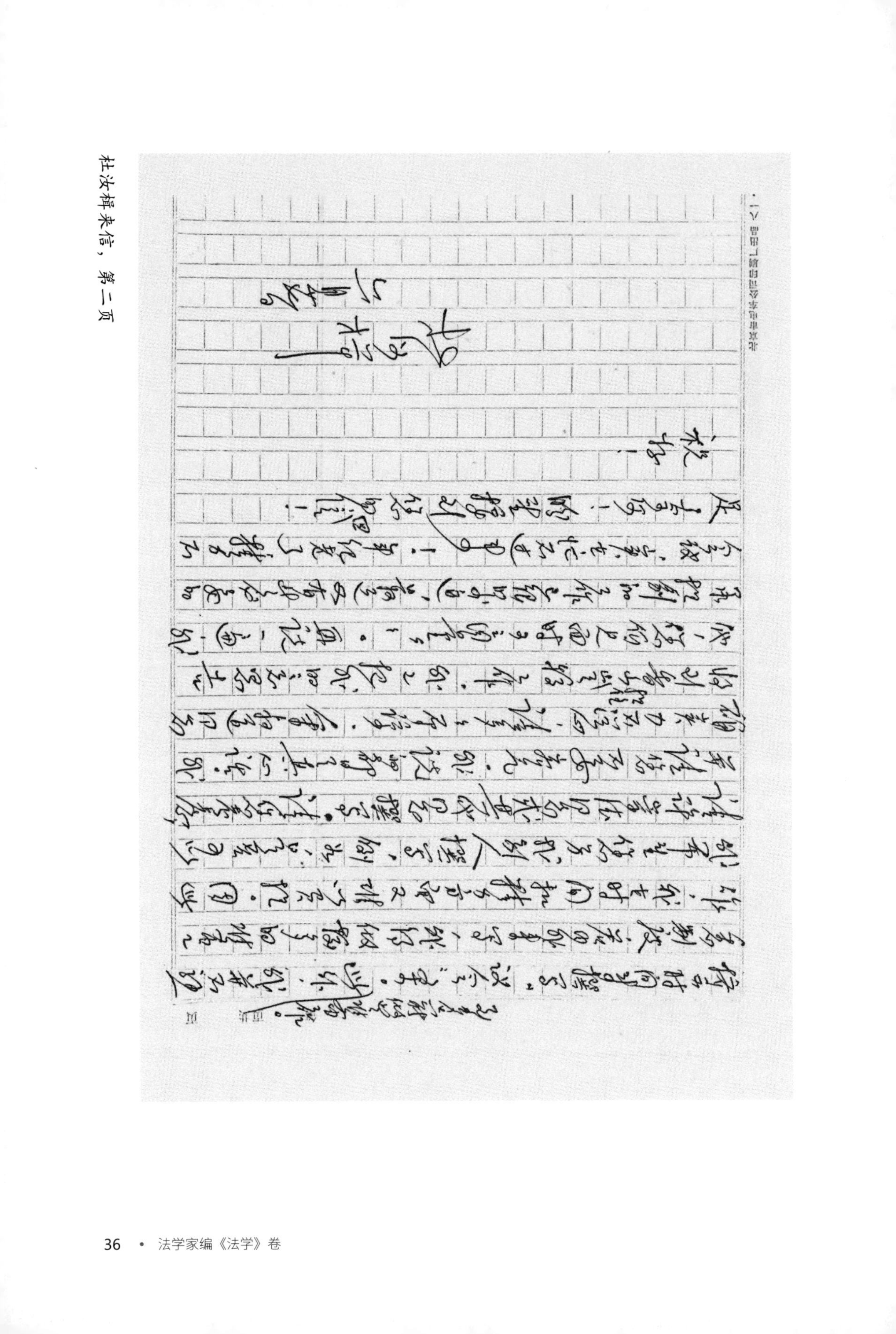

杜汝楫来信，第二页

道衡：

近来忙得如何，颇念。

《百科》“议会”一条了，本来我是无胜任的力的了。自春节以来，多病缠身，住院十天，病似更多更麻烦。出院后，虽有时也出去开开会，但精力眼力都难以应付写作。与诸校合作了点不易为了。为了少增加《百科》的麻烦，我意“议会”一条应以改请他校或其他合适的人们负责撰写为宜。请鉴谅。此祝

康祺

端升 三月四日

北京市电车公司印刷厂出品 81.5（1478）

钱端升最后放弃撰写“议会”条目的来信

从来信中找到的编委

——徐平有建议

杭州会后，遵潘老之嘱，将《法学》卷选条框架（征求意见稿）寄法学界征求意见，共收到回信52封。虽然选条框架第五稿才是定稿，但52封来信中所提意见都是非常珍贵的。写回信的法学家们完全没有义务一定要回信提意见，也没有收到出版社的任何报酬。只有在这里向他们或他们的在天之灵，再次致以崇高的敬意和衷心感谢。

在来信中有一封信是徐平写的。遵照张友渔关于扩大加强法学编委会的意见，我们只会在院校和研究所访问，寻找审读框架征求意见稿的专家。而徐平当时是最高人民法院民庭庭长，他的来信态度积极又热情，所提意见反映出他既懂法学，也懂百科全书。张友渔看到他的信，就约他参加《法学》卷的编撰工作，他后来成为法学编委会中的一员，兼诉讼法主编。

徐平对框架提出的意见是：中国的百科全书《法学》卷中，应当有中国司法的特点，民事诉讼分支不但要收“诉”“反诉”“举证责任”等必须收录的基本知识条目，还要收有中国特点的条目，例如“调解”，被世界誉为中国特有的“东方经验”，应当收入这个条目。

在编写组审稿会上，徐平强调百科全书是要“传之后世、流于全球”的书，编撰、审稿一定要慎之又慎，不能掉以轻心。

徐平审稿时，发现有的书稿在涉及历史沿革时，用了“国民党统治时期”“北洋政府统治时期”的提法，很不妥当，便写信给张友渔，建议从辛亥革命胜利到 1949 年 10 月 1 日以前，应当规范地称为“中国民国时期”，必要时可以写“中国民国北洋军阀统治时期”“中华民国国民党统治时期”。张友渔完全同意，批示中说这样写犹如写盛唐、中唐、晚唐。徐平信中还说，这个问题应当不仅限于诉讼法分支学科条目的释文，也不仅限于《法学》卷条目的释文。姜椿芳很重视他的这个意见，把对民国时期的规范提法向编辑部各个学科编辑组做了传达。

民事诉讼和刑事诉讼两个部门法的编撰人员组成一个编写组。编写组在讨论刑事“辩护”条时，徐平说到他还为日本战犯辩护过时，大家都愿闻其详。徐平说，那是 1956 年在沈阳，审判仍然在押的日本战犯，徐平为他们辩护，说他们是奉命侵略中国的。战犯们听到辩护都非常感动，他们又享受到优待俘虏的待遇，被遣返回到日本后，都成为反对侵略战争、维护世界和平的积极分子。徐平说：“对第二次世界大战中战犯的审判，大家都知道东京审判、伯力审判、纽伦堡审判，沈阳审判是不是也可以在《法学》卷中收为一个条目呢？”经请示张友渔同意，在国际法分支“战争犯罪”（其中写了东京等三处审判）条下，又收了“沈阳和太原审判”条。

法学各分支学科的主编审稿都非常认真，徐平也是。“自由心证”这个条目，原稿写“它是近代现代一些国家刑事诉讼规定的判断证据原则”，徐平说在民事诉讼中也以自由心证为判断证据的原则，便在原稿中将“刑事”两字删去，并安排编写组增加了民事诉讼方面的内容。

对于一些书稿，徐平还求外力相助。例如“中华人民共和国人民检察院”条，徐平就写信给检察院的王桂五，请他审阅，修改不妥之处。信寄检察院后，王桂五刚好出差离京，检察院把信寄到王桂五出差的地方。王桂五得信，出差任务完成后回京，他下了火车，不去机关、不回家，直奔北郊编辑组办公的招待所，提出修改意见，使这个条目得以定稿。

徐平身体不好，后来是抱病工作，不幸于 1982 年 12 月 20 日逝世，没能看到《法学》卷的出版。我们是因为编《法学》卷才认识他的，但他同我们亲切相处，好像我们早已在他领导下工作多年，他的离去，我们都深感悲痛，写了一篇悼念他的文章，刊登在中国大百科全书出版社出版的《百科知识》期刊上，以寄托我们的哀思。

刑法学家意外失踪

——曾昭琼和进口国外法学书刊

依计划，刑法编写组审稿会分两次进行。1981 年 1 月审总则条目，第二次再审定包括分则在内的全部条目。

第一次开会，编写组成员都到了，主编曾庆敏没来，经联系，他住院了。原来是司法部在西安举办了一个法学师资培训班，他应约前往讲授刑法，为了争取能够及时赶回北京主持这次审稿会，他连续几天讲课备课，累病了，回京后胃出血住院，医生诊断是由于疲劳过度刺激了中枢神经所致。

主编没来，书稿还要审读讨论，西南政法学院（今西南政法大学）的曾昭琼教授当仁不让地顶了上来，主持会议。这位老教授曾收到郑州大学想让他当副校长的约请，他只想教研，没有去。

不说曾昭琼主持会议多么认真，只说有一天他失踪的故事。会议刚刚告一段落，我们在招待所到处都找不到他。虽说书稿已经审完，但老先生失踪兹事体大！服务员说看到他出去。当时找出租车不是很方便，他一定是怕麻烦我们自己出去了，他曾患脑梗，万一出事怎么得了！幸亏编辑组事先问过他在北京的朋友和他们的电话地址，赶忙四处联系，结果知道他到中国图书进出口公司找老朋友去了。

我立即赶到当时位于朝阳门内大街的中国图书进出口公司，他老先生正跟公司领导丁波谈得兴高采烈。谈话中他说多年看不到外国法学书刊，耳目闭塞，不知道世界上的法学研究现状。丁波说："你们要什么书我们可以进口呀！"曾昭琼摇摇头说"没经费"。听到这里我马上给王珉灿打电话，反映这个情况。王珉灿是法学编委，当时是司法部教育司副司长。他了解上述情况后说，曾昭琼要什么书提出来，经费由司法部支付。问题就这样解决了。因此 1982 年司法部购进一批几十年没有进口的国外法学书刊。这些书先在北京美术馆展览，一架架外文书陈列得琳琅满目，宛如进了图书馆。后来这些书由司法部分配给有关院校了。

在刑法审稿会上，老学者失踪是意外，因而得以进口久违的外国法学书刊，则是意外收获了。

1981 年 8 月份，刑法编写组举行了第二次审稿会议，审定刑法总则和分则全分支学科的条目。10 日大家到达会场，自 11 日至 16 日读稿，到会的学者通读全部稿件，我们编辑组则整理过去读稿时记录下的问题，17 日向学者们提出。自 18 日，学者们对书稿逐篇进行学术讨论，回答编辑组提出的问题，并修改稿件后交编辑组，编辑组再依体例作必要的文字改动后交主编复审。主编复审无误后，签署审稿单，该稿便成为编写组定稿。这个学科的审稿会达到了编委会主任张友渔、副主任潘念之对审稿会的要求，全部一审定稿。

这次会议删去原收条目两个，增收四条，合并了五条为两条，将原稿 138000 字压缩为 117000 字。主编把有关书籍带到会场备查，得以在会上核实资料，做出资料核实卡 687 张，已核准 414 处，据以改动稿件 52 处。例如有一原稿上引用《法国刑法典》第 95 条，经核查，改为第 59 条。会议还审定了条头外文，制出索引卡 612 张，研究了配图计划。学者们和我们编辑组同步工作，收效很好。

参加这次会议的是主要写总则条目的曾庆敏、张尚鷟，主要写分则条目的高铭瑄、王作富几位中年学者。怀柔有一所学校环境很好，会议就在那所学校的暑假期间举行，会址是出版社接待科安排的。学者们和编辑组人员都住在学生宿舍里，其简单可想而知。这几位刑法学家不仅对居住条件没有表示不满，而且往返乘坐的都是这所学校的校车。这就是当年学者们编百科全书的精神。

遵修同志：

此次来京，承蒙照顾，不胜感激。你的待人热忱，工作仔细踏实，实令人感动。

前借用的 Scott: Private International Law 一书业已印就，武大托印一份已寄送德培同志了。原书另行邮寄于你，请查收。谢谢。

此致

敬礼

卢峻

四月十四日

遵修同志：

惠书收悉。前承寄下的 International Uniform Law，因我不常到所，收到已晚了几天了。后来如复印手续又延迟了一个时期，因此，该书于上周末才开始复印，大约本周内便可印完。届时当即将原件寄还武大德培同志。拖延那么久，实在对不起，请原谅。

此致

敬礼

卢峻上

四月二十四日

遵修同志：

日前奉上一信谅已收到。International Uniform Law 二卷已印毕，原件于昨日寄还武大了。此事承你多多帮助，至感。

此致

敬礼

卢峻

五月六日

国际私法副主编卢峻从上海社科院法学研究所寄来的三封信，从信中可以看到当时法学书籍的匮乏

收到一笔“编辑费”

——罗马法学家周枏被偷

担任过暨南大学法学院院长等职务的周枏，是《法学》卷民法分支副主编。《法学》卷工作开始时，周枏还没有归队到法学教研岗位，他是在自己家里为《法学》卷撰稿、约稿的。

周枏的家原来是上海南昌路上一座两层小楼，“文革”期间被一些人强占，留给他们老夫妇的只是一间大约十二平米的居室。双人床前的一张小圆桌，就是他们在家中操作一切事物的平台，吃饭的时候、周师母需要用这张桌子做一些家务的时候，老先生就将稿纸、书籍一张张、一本本移挪到床上，待桌子空下来才能继续使用。

周枏是罗马法专家，著有《罗马法原论》等，他就在他的小圆桌上给另一位罗马法学家、厦门大学教授陈朝璧写信，请他撰写“罗马法”和“罗马法学”两个条目，这是1980年。1981年6月，周枏写信告诉我们，陈朝璧突然患了中风，疗效并不乐观。1982年，陈朝璧逝世了，《法学》卷上得以留下了他的两篇文章。

周枏家后来搬到浦东，房子大了，他也接到安徽大学的约请，前往任教。西南政法学院也派专人约请他去作短期三个星期的讲学。安徽大学在合肥，西南政法学院在重庆，我们在北京，三项工作三个地方。安徽大学没有问题，许多学校都接到了教育部的公文，要求校方支持百科全书的编撰工作；周枏就与西南政法学院和我们商量讲课时间与民法编写组会议时间，希望能妥善安排，不影响《法学》卷的工作进度。

周枏原以为到西南政法学院三个星期，每星期讲课三次，除备课讲课外，还有时间撰稿，但到重庆后发现还有一个培养师资的任务，要帮带一位年轻教师授课。这任务就重了，花费的时间就多了，但他还是挤出时间写稿，他写的“民事时效”“预定期间”（“除斥期间”）等条目，在1986年编委总结会上，得到编委会的肯定和赞扬。

民法编写组会议召开了，周枏来到北京。一天，他要找“民法”这个条目释文的作者、中国人民大学佟柔教授研究书稿，不愿意麻烦我们找出租车，一个人悄悄走出招待所，乘公交车前往。虽然两地相距不过郊区公共汽车的三站，但就在这三站途中，老先生不慎被小偷扒走80元。那被扒的80元在他的工资中并不是一个很小的比重。为了弥补老先生这一损失，出版社以“编辑费”名义支付周枏80元。会毕返校，他向系里谈在京工作情况，还说收到了80元编辑费！系里考虑他在北京时，其他老师代他授课，这笔编辑费应当分给代课老师。同在安徽大学执教的陈盛清来信问我们这笔编辑费是怎么回事。编百科全书得到有关院校、科研单位和许多机关的支持，法学家们都是拿着本单位的工资来办百科全书的事，出版社只提供会场食宿，并不支付会议报酬。所以陈盛清问这笔编辑费是怎么回事，并告诉我们系里要把周枏得到的“编辑费”分给代课老师。我们赶快写信告诉陈盛清并发公函到安徽大学法律系说明情况，这才避免了周枬老先生蒙受损失。

周枬的这一作为，充分反映出老一代知识分子的人品。他乘公交车，让我们看到老学者生活低调、总为别人着想；谈到“编辑费”，又让我们看到老学者心怀坦荡，胸中毫无私密。

在学术研究中，周枬有坚定的主张，他反对学风崇尚学习苏联，排斥国际传统，认为在学术研究中应当博采众议，一个学者应当有听取反对自己观点的雅量。

周枬诞生于 1906 年，75 岁时主持这次编写组会议，审定了已经收到的书稿。由于年老，他希望以后不再到北京来开会，全部民法书稿最后是由民法主编江平主持，在编写组会议上审定完成的。

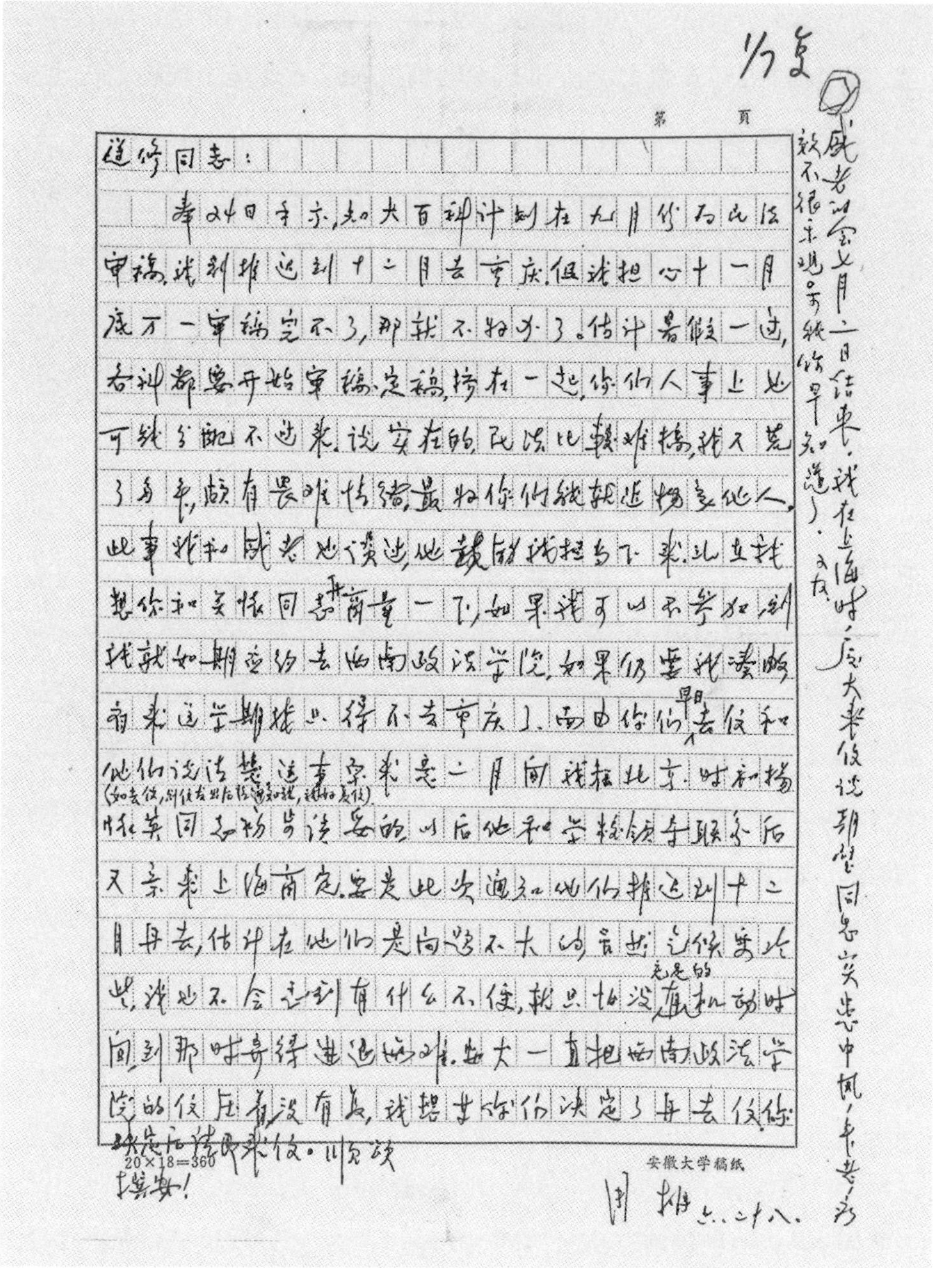

1/7复

第　　页

遂修同志：

奉24日手示，知大百科计划在九月份召开民法审稿，我则排延到十二月去重庆，但我担心十一月底万一审稿完不了，那就不好办了。估计暑假一过，各科都要开始审稿定稿，挤在一起，你们人事上也可能分配不过来。说实在的，民法比较难搞，我又荒了多年，颇有畏难情绪，最好你们能找适当的人[illegible]。此事我和欧老也谈过，他鼓励我担当下来。此点我想你和关怀同志再商量一下，如果我可以不参加，则我就如期前往去西南政法学院，如果仍要我参加[illegible]，则不去重庆了。而由你们早去信和他们说清楚这事。[illegible]二月间我在北京时和杨怀英同志协商谈妥的，以后他和学校领导联系后，又来上海商定，要是此次通知他们排延到十二月再去，估计在他们是问题不大的，[illegible]，我也不会感到有什么不便，我只怕没有充足的机动时间，到那时弄得进退两难。安大一直把西南政法学院的任务[illegible]，我想由你们决定了再去信。你决定后请即来信。顺颂

撰安！

周枬 六、二十八。

20×18=360　　安徽大学稿纸

欧老以会七月二日结束，我在上海时，[illegible]来信说[illegible]同志突患中风，[illegible]。又及。

民法副主编周枬执教于安徽大学，西南政法学院又约请他前往授课，还要主持《法学》卷民法编写组审稿会，往返于合肥、重庆、北京三个地方。为不影响三方面的工作，周枬几次来信商议编写组开会时间，这是来信中的一封

责任重于名义

——陈体强抱病审改书稿

陈体强是世界知名的国际法学大师。1948 年他在牛津大学所写的博士论文《关于承认的国际法》，被世界公认为学习现代国际法的必读书之一。在 1983 年国际法学会英国剑桥会议上，他以 76 票通过（全票为 80 票）而成为该学会的联系会员。1986 年他逝世三年后，联合国有关机构追赠他荣誉奖状，表彰他对国际法做出的杰出贡献。《法学》卷上“国际法上的承认”这个条目，就是陈体强写的，可以说是最权威的作者了。

《法学》卷工作起步伊始，我们请陈体强担任国际法分支学科主编，他一再谦虚，说：“我不行，我不行，还是让铁崖来当。”王铁崖也是世界知名的国际法学者，当时执教于北京大学，兼任北大国际法研究所所长，与陈体强是好友。我们依照陈体强的意见去找王铁崖，王铁崖说：“编百科要非常认真，要花很多时间，我太忙，承担不了主编任务。”我把这情况告诉陈体强，他带我去找王铁崖，劝说王铁崖担任主编，还不成。陈体强就再次带我去，仍然不成。陈体强坚持第

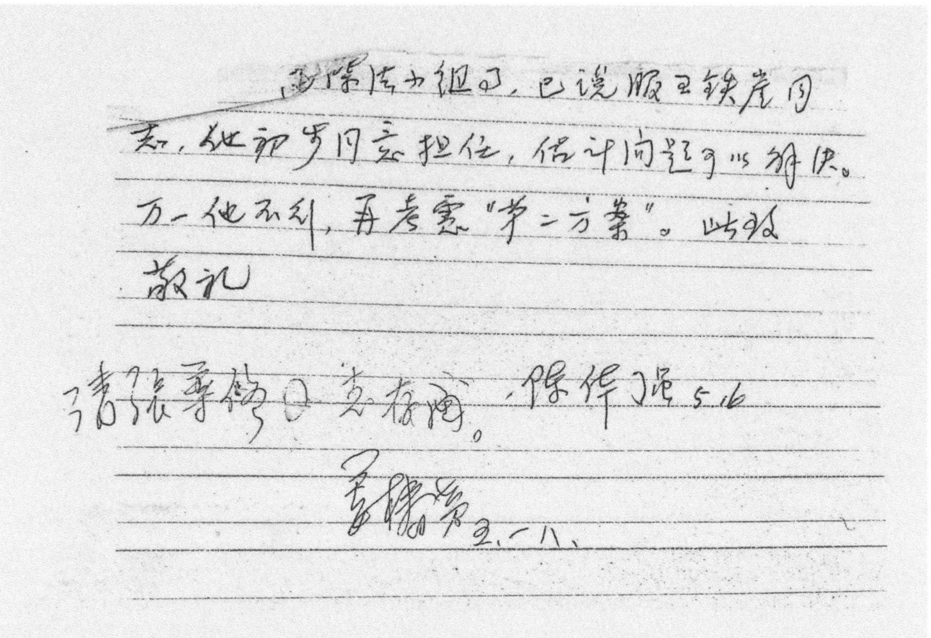

国际法小组事，已说服王铁崖同志，他初步同意担任，估计问题可以解决。万一他不行，再考虑"第二方案"。此致

敬礼

请张季侨同志存阅。　陈体强 5.6

姜椿芳 五、一八、

陈体强写信给总编辑姜椿芳，说"已说服王铁崖同志，他初步同意担任"，说明陈体强对国际法主编人选的重视。姜椿芳将信中此句剪下交总编室转我存阅

三次再带我去，真是事不过三，王铁崖答应了。对王铁崖的应允，陈体强特地写信告诉总编辑姜椿芳，这说明他对主编人选的重视。

王铁崖同意担任国际法主编，陈体强便担任法学编委会委员、国际法副主编。法学编辑委员会中有三代人，陈体强是中间一代，下面有他的学生辈，上面一代中有他最尊敬的师长钱端升。钱端升与陈体强师生间交谊深厚，老前辈曾在有陈体强在座的教室中讲课，有的课则为陈体强一人在家中讲授，直至晚年，钱端升始终难忘陈体强听课的专注神情。

法学编委会副主任潘念之认为，国际法分支学科的稿件，可以由主编审定，无须开编写组审稿会在学术上集体把关。但陈体强还要我们安排一次编写组审稿会，认为还是普遍征求一下意见为好。1981 年 11 月，审稿会开了八天。与会人员都是一个方面的专家，大家对书稿还是进行了认真的讨论，陈体强说，听了大家的意见，再下笔修改哪位作者的书稿也好向他交代。

我们编辑组收到原稿，都将原稿保存，打印十份备不同之用。国际法的打印稿，分送王铁崖、陈体强后，往往是陈体强编改后退回。他是我们的老师，有问题，提出问题随稿送去，他写了解释随稿退回，如果当面请教，他就当面答疑。他是教授，1939 年执教于西南联大，1948 年执教于清华，编《法学》卷时他执教于外交学院。他从牛津大学取得博士学位时，校方想让他留校，他不留，那是 1948 年夏；年底，国民党派飞机接他去台湾，他不去，他说越学国际法越不能不爱国，他要留在北京做爱国的事。的确，他在教学、撰写重要的保护国家权益的文章以及一些具体工作中，对国家做出了诸多贡献。

20 世纪 50 年代，正当他人在中年，精力充沛，能够很有作为的时候，由于才华横溢而不幸成为“引蛇出洞”的对象，他受命发言而被划为“右派”。从 1957 年到 1979 年，22 年含冤忍辱的另类人的苦难生活，使他身心交瘁，满腔爱国热情、高深学术造诣都被化为虚无。他得了心脏病、糖尿病，一身病痛。

编百科全书的时候，刚刚粉碎“四人帮”不久，人们感到国家进入了第二个春天。陈体强虽然病多体弱，也焕发出第二次的青春活力，他讲课、写文章，极为繁忙，在百忙中他审修了《法学》卷中国际法分支将近 100 个条目，交出定稿 18 万字。这 18 万字，是他字斟句酌、精益求精、简而又简的浓缩的国际法基本知识。张友渔曾说，不是作者在百科全书上发表署名文章可以出名，而是百科全书借作者在学术界的声望体现百科全书高水平的质量。陈体强主编国际法，实现了张老的话。

编书那时候，陈体强住在外交学院里一套有两间房子的小单元里。我每次去，都和陈体强在西面那间靠北墙的方桌两边谈工作。他把最后一批定稿交给我时，坐在方桌对面，停息了一下，面色凝重地说："原来我让铁崖当国际法主编，现在，还是让我当主编吧。他一直忙着编《国际法年刊》，百科的稿件都是我改定的，如果我改错了，应当由我负责，如果作者不同意文稿的修改，应当对我有意见。"几句话掷地有声，主编，不是名义，是责任。

陈体强是抱病完成国际法的编审定稿任务的。他曾于1982年1月29日写信来说："在医院住了三周，检查不得要领，但确诊未发现心肌梗死，总算万幸。医嘱注意休息，看来也难彻底做到。出院后情况尚好，但不十分稳定，也掌握不住规律，但求不再加重，就算十分满意。"

王铁崖忙着在北京大学教课，领导北大国际法研究所的工作，还忙着在国际法学界编《中国国际法年刊》，的确很忙。参与撰写国际法分支条目的国际法学家，许多人是上海法学所的研究员，遥不可及，谁能帮助病弱的陈体强呢？了解陈体强健康情况的战争法学专家朱荔荪，在北京执教于中国人民大学，很想分担陈体强的一些审稿任务。他也在1月29日写信来说："日昨已见到体强同志，与他研究了一下替他分担一点工作的问题，他想让我先看一遍提出初步意见并作必要的改动，再共同研究或由他修改。因此，请你寄一套材料给我（战争部分无需）。他告诉我你有点顾虑如何为我署名的问题，这是完全不必要的，因为我只是想在力所能及的范围内分担一点他的负担，使他能早日好转，因此请不必考虑此事，而且我也做不了多少工作，不需任何署名。”

朱荔荪是又一位不考虑名利的学者！

他也是又一位我们的老师。陈体强交出全分支定稿后，有些地方我们不清楚，或作了技术上的改动怕影响学术上的准确，我们不止一次找朱荔荪去请教，他都把问题给解决了。

1983 年 10 月 13 日，在北京大学勺园召开了全卷书稿付排前的编委会，我站在门口等待编委们光临。王铁崖迎面来了，见面劈头一句就说：“体强逝世了！”猛然一听，不禁两人相拥而泣。田如萱（北大国际法研究所研究员）说，哪位学者逝世都没有陈体强先生逝世让人那么难过。我们怀着悲痛的心情离开会场，想着 18 万字国际法书稿中有一个数字未能定，陈体强让我们查 1982 年《国际法组织年鉴》，竟成遗嘱。两天后我们意外收到体强先生的亲笔信，是他的家属清理他的病房遗物发现后寄来的。此信是对编辑组所提问题的回答。信是 10 月 10 日写的。陈体强 12 日写完了法律出版社要出的《陈体强文集》的自序，13 日就永久地离开了我们。《法学》卷出书关于国际法主编的署名问题，我们向王铁崖转达了陈体强的意见，王铁崖说“体强没跟我说过”。因为陈体强三次带我约请王铁崖担任主编，王铁崖也尽了一些主编的职责，而且出版社正式将主编聘书送给了王铁崖，我们就并列两位主编。无论如何，体强先生的责任是尽到了。

遵修同志：

敬得来信，备承关怀，十分感谢。在医院住了三周，检查不得要领，但确诊未发现心肌梗死，总算万幸。医嘱注意休息，看来也难彻底做到。出院后情况尚好，但不十分稳定，也掌握不住规律，但求不再加重，就算十分满意。

朱奇武同志来过，他表示很乐于为我会工作、看看稿子。但目前他自己稿子还需加工，过些时才能腾动手看别人的稿子。四月间可能还有些其他任务。看来他的时间也比较紧张。

我有些杂事，一时还难于摆脱，但准备下一步就动手搞写书的事。陈宝同志的"国际法"条已脱稿，是否在打印？

我最近要求离开外交部，调外交学院，这样可以免于坐班之苦，时间也就可以自由支配了，对养病比较有利。住处仍旧，电话必要时仍可打89-1801传呼。如不很急，可打89-0151转外交学院国际法教研室电话。

您工作头绪万端，身体也不太好，

北京市电车公司印刷厂出品 81.1（1310）

千万也要注意休息！不能只关心别人，不管自己。

春节想必过得愉快。此致

敬礼

陈体强 1.29

北京市电车公司印刷厂出品 81.1（1310）

陈体强来信之一

外交部外语训练班便笺

遵修同志：

送上一些条目。改的比较乱，打印时请特别注意。最好请熟悉业务的同志和打字同志一起看一遍，以免打后再改。

请你看看这样改法有无问题。有的改动很大，如何对原作者交代，请考虑一下。

进度很慢，未免急燥。

敬礼

陈体强 5.14

陈体强来信之二

外交部外语训练班便笺

盛修同志：

接刘保同志信问一些人名、书名外文，均注在原信上。只隆森尼乌斯，记得是Locenius，见Colombos: International Law of the Sea 关于海洋法历史或领海历史部分，因我心脏病又发作，住阜外医院，来不及查，请他再查一下。

过去曾说不注外文，因此许多外文打错均未加改正。不知是否还有其他问题，甚念。此致

近好

体强

10.10

陈体强来信之三。陈体强从一开始就是在重病中编撰国际法的条目，这封信是他在逝世前三天写的

中国人民大学　　已复 2.1

蓬伦同志，

春节好：

收到你的来信时，已逢学期结束，十分忙碌，来及早复请见谅。

日前已见到体强同志，与他研究了一下帮他分担一点工作的问题，他要让我先看一遍提出初步意见并作些必要的改动，再去同研究或由他修改。同时，请你寄一套材料给我（就寄部分原稿）。

他告诉我你有意考虑如何与我署名的问题，这是完全不必要的，因为我只是在力所能及的范围内，帮分担一点他的负担，使他能早日好起来，同时请不必考虑此事，而且我也作不了多少工作，不需任何署名。再祝

春节愉快　并代复

志国同志

朱荔荪
1,29

不计名利的学者朱荔荪要帮助陈体强审稿的来信

北京大学

领导和同志们：

承惠寄一函，给我以极大的鼓励，我谨表示衷心的感谢！

我在国际法方面理论水平低，学术成就少。这次选为国际法学会会员，完全表明我中华人民共和国法学在国际上的地位，我个人实在是不足以担当此盛名的。

我恳望同志们今后仍继续不断地予以帮助和指导，以期能达到同志们对我的期望。谨此，即致

敬礼！

王铁崖 一九八一年九月卅日

王铁崖谦虚地回复我们向他祝贺的信

是君子，是绅士

——李浩培的言与行

在《中国大百科全书》的法学编委中，有一些编委是师生关系。国际法主编陈体强是老前辈钱端升先生最器重的学生，国际经济法主编姚梅镇是国际私法主编李浩培先生最器重的学生。还有刑法副主编高铭暄也听过李浩培先生的课。在 1982 年夏法学编委集体审阅《法学》全卷书稿会议期间，一天饭后谈话，高铭暄说，他就是因为在浙江大学读书时，听了李浩培先生讲授的刑法课，对刑法逻辑性之强深感兴趣，因而毕生主攻刑法的。李浩培先生在旁边淡淡地说，那年没请到刑法学教授所以才自己开了刑法课。当时李浩培是浙江大学法学院院长，自己讲了刑法课就培养出中国的刑法学家高铭暄，高铭暄参加了《中华人民共和国刑法》的起草和 37 次修订直到公布，可以称为中国刑法学权威。

李浩培 1906 年诞生于上海，1928 年毕业于东吴大学法学院，1936 年到英国伦敦大学伦敦政治经济学院攻读国际法、国际私法，第二次世界大战爆发后，毅然于 1939 年辍学回国。先后执教于武汉大学、浙江大学，1949 年以后，曾任外交学院（国际关系学院）教授、北京大学兼职教授，并长期担任外交部法律顾问，多次作为中国政府代表或顾问出席国际会议，参加了许多重要国际条约的起草工作。1985 年当选为国际法研究院准院士，根据规定，他参加三届会议后于 1991 年转为院士。1993 年以 87 岁高龄当选为联合国南斯拉夫问题特设国际刑事法庭法官，1997 年于任上在海牙病逝。

《法学》卷工作起步时，先生年已 73 岁。他担任法学编委兼国际私法主编，约请上海法学所研究员卢峻担任副主编，并约武汉大学法学院院长韩德培、外交部法律顾问倪征日奥和他另一位最器重的学生王名扬为作者，撰写条目释文。这几位都是大师级学者，这个分支学科书稿的质量完全不劳编委会主任张友渔担心，不必通过编写组集体审读讨论把关。

1979 年 9 月下旬，先生在杭州开会。一天，先生走在西湖边上，对面几个外国游客走来问候早安，先生以浑厚的男低音英语回应，虽已年过七旬，但腰身挺拔，服装端重，几十年的修养使先生流露出一派绅士风度。那次开会，是《法学词典》统稿前，先安排四天时间讨论各分支学科负责人拟出的最早的选条。会议由编委会副主任潘念之主持，潘老要求四天会后，大家抓紧时间根据会上所提意见，将各分支选条修改好交给我们，包括李浩培在内的与会人员都表示同意。浩培先生由于外交部公务繁忙，9 月底就离沪回京了，我们在杭州陆续收到各分支修改后的选条，考虑回北京以后再找浩培先生去要吧，没想到 10 月 14 日在杭州收到了先生从北京寄来的国际私法分支修改后的选条。先生守时守信如此！

先生这样一位学术大师，处世一向非常低调。外交部本来有车接送，但先生直到七八十岁高龄，一直步行上班下班。《法学》卷的编委们开会，先生因公不能出席时，还发来外交部的公函请假。我们到外交部向先生请教问题时，先生从来不通知传达室，叫我们到几楼几号的办公室去，而是亲自下楼出门，穿过庭院，到接待室同我们谈工作。有一次核实资料的编辑阿去克（维吾尔语名字译音）找不到“拜尔邦法”，前往请教，先生说拜尔邦当时是德国的一个邦，该邦民法习惯上称为“拜尔邦法”，现在改为《巴伐利亚民法典》就好了。先生指教我们解决了一个我们无法解决的问题，却反过来还对阿去克表示感谢，说出版社帮助解决了一个文中不妥之处。先生待人接物，严肃中体现谦虚，和蔼中不失尊贵，严于律己，守时守信，君子也！

先生进入高龄，身体极为健康，原因之一是生活极为规律，几点起身，几点入睡，几点用饭，几点打太极拳锻炼……规律得像一座钟。听师母说，先生有一天半夜两点钟醒来，竟不顾生活规律，起床撰写百科全书《法学》卷的稿件，我们听了又吃惊、又感动，更怕有碍先生健康。先生是非常健康的，从先生的身体和生活各方面看，应当是百岁以上的老人，但在 91 岁突然离去，我们都深感意外。先生的离去是国家的损失，写不出我们在意外中是怎样的悲痛。

年　月　日　　　　第　　页

逸仙、亚麟同志：

在杭多承照顾，感谢无已。近想必多繁忙，身体安好。

国际私法条目已修改完成，请查收。能否可採，敬祝

撰安！

浩培敬启 八日

北京市电子公司印刷厂出品 七九·四

装 订 线

李浩培信守日期规定，于 1979 年 10 月 8 日寄往杭州已修改的条目的信

铁骨铮铮的学者

——陈守一有不为人知的事

法学家、法学教育家陈守一是《中国大百科全书》法学编委，江苏邳县（今邳州）人，诞生于1906年，1927年加入中国共产党，参加过抗日民族统一战线工作，担任过一些地方的政法领导。1949年以后，他先后担任司法部第五司司长、中国新法学研究院教务长、中央政法干部学校副教务长、北京市法学会会长、中国法学会副会长等职务。1952年全国高等院校进行院系调整，北京大学法律系被撤销，1954年陈守一奉董必武、彭真之命，恢复了北京大学法律系，担任系主任，1981年辞去系主任职务，专任教授，培养了大批政法专门人才。

他说："恢复北京大学法律系，其目的、其任务，就是要结合中国的特点，实事求是地走中国自己的科研道路，这是董老和彭真的意见。但这是愿望，实践中存在着相当大的局限性。人民大学（即苏联专家教学）的法学理论体系，已经作为经验在全国广泛传播，北京大学的法学理论教研室中，也有这样的人员在，因此要突破那个框框，任务还很艰巨，很难完成。"

法理学和比较法学权威沈宗灵教授是跟随陈守一于1954年恢复北京大学法律系的，担任理论教研室主任。陈守一很重视《法学》卷的工作，他说他“安排沈宗灵将系里的教学任务放在第一位，百科全书的编撰任务放在第二位，此外排除其他一切工作，一定要尽快尽好地完成百科全书的重要编撰任务，质量上要最低限度保证资料的准确”。沈宗灵在《法学词典》的编撰过程中，主要负责外国法和外国法律思想史词目的编撰，因而担任《中国大百科全书》法学编委兼外国法和外国法律思想史主编。1982年夏，依编委会副主任潘念之建议召开的为期两个月的由编委集体审阅全卷书稿会议时，在编委们交叉审阅其他分支学科书稿时，沈宗灵对法学基础理论的书稿逐篇进行审阅并提出修改意见，分支学科负责人、中国人民大学的郭宇昭不仅对修改意见完全接受，而且表示通过对稿件的讨论修改，自己很是受益。

中国社会科学院

遵修同志：

兹送回“法学”条文三份，请抄送陈守一同志阅，原件或另抄一份给我（时间不拘），因我还需要用。

此致

敬礼！

友渔

11,10

张友渔关于“法学”条目的批示

对于《法学》卷上“法学”这个条目，编委们都非常重视。1980年3月法学编委扩大会上，陈守一、潘念之各自拿出他们事先拟出的“法学”条撰写提纲，提交会议讨论。经过大会、小会的研究，大家决定采用潘念之的撰写提纲。潘念之写出初稿后，打印出许多份请编委们和特定作者审读，提出修改意见，潘念之据以修改出二稿，再以上述程序，潘念之改出三稿、四稿……直至六稿才是定稿。每次普遍征求编委意见，张友渔都特别责令将稿件送陈守一审阅，陈守一也认真审读提出意见。

凡亲历过始于1966年“文化大革命”的人，都知道聂元梓这个名字，她是在全国写第一张大字报的人，这张大字报贴在北京大学大饭厅东墙上，火药味极浓，标题是“宋硕、陆平、彭珮云在文化革命中究竟干些什么”，以咄咄逼人的语句批判中共北京市委大学部副部长宋硕，北京大学党委正、副书记陆平和彭珮云等人，陈守一也是赫然被这张大字报点名的“黑帮”分子之一。这张大字报由新华社全文广播，全国各报刊发表。其实，受命写第一张大字报的，并不是聂元梓而是陈守一。当时“文革”已经开始，在那紧张、恐怖的政治环境中，敢于不顾身家性命、不计任何后果，断然拒绝受命写大字报，真有一身铮铮铁骨。他的这件为人们所不知的英勇事迹，是沈宗灵告诉我们的。

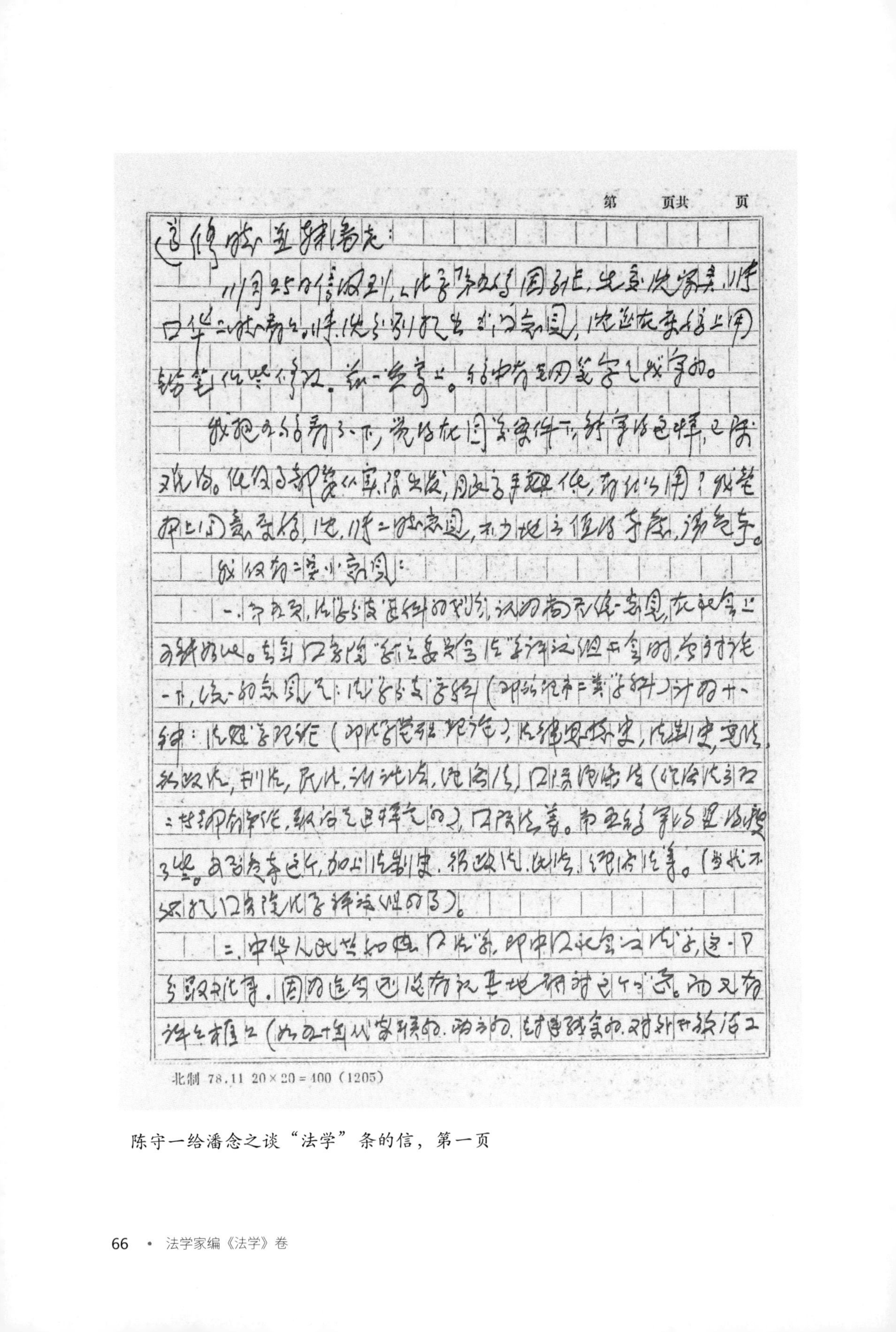

第　　页共　　页

北制 78.11 20×20=400（1205）

陈守一给潘念之谈“法学”条的信，第一页

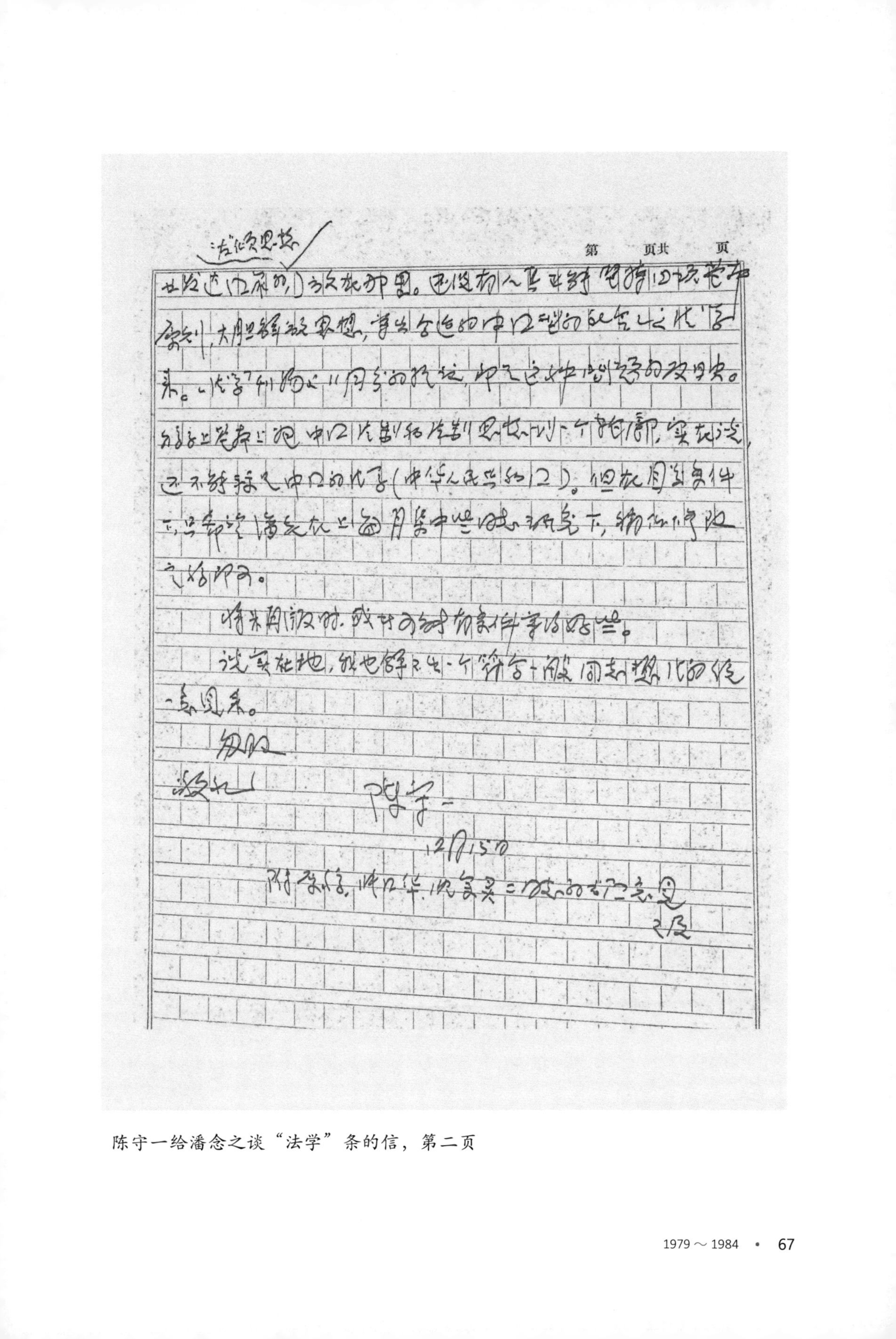

第　　页共　　页

陈守一给潘念之谈“法学”条的信，第二页

⑬ 附件五

第　　页共　　页

老唐：

来信敬悉。思想史的条目接原件刊后于近日改完，但因祝总斌同志忙于开学前后的系务工作，下周才能将原稿审毕，只好稍候些时。他的意见比较重要，可以使我们的改稿工作进展得更顺利一些。

《法学》总条中国部分的铅笔字系陈光中同志所写。毕竟这一部分不是简单地修修补补即可改好的，非动大手术不可，为了便于诸老修改，初步考虑古代主要可写以下几方面：

1. 中国法学的发展脉络。

2. 春秋战国时期儒、墨、道、法各家在法学，特别是法理学方面的贡献。如在法律的起源、本质、作用以及与政治、经济、伦理道德的关系等问题上所提出的一系列具有一定合理因素的见解。而不应象原作那样简单罗列几个并不十分中肯的观点。否则便会使人产生中国古代法学非常贫乏的感觉。

3. 秦汉以后的封建社会，似可以"律学"为中心，重点写其在刑法思想上的成就，亦从法医

北京市电车公司印刷厂出品 八〇·五

(1458) 20×20=400

张国华来信，第一页。在对“法学”条征求意见过程中，编委张国华在给出版的来信中，提出了具体的建议

学等。其次还可突出一下明清之际启蒙思想家反映资本主义萌芽需要的法律思想，特别是黄宗羲的"天下之法"。当前学术界有些同志对黄的《明夷待访录》评价颇高，把它比作孟德斯鸠的《法意》和卢梭的《民约论》。百科一字不提，似说不过去。

4. 法学著作可否考虑一些材料，除《商君书》、《韩非子》、《管子》等外，最好将张斐的《注律表》、宋慈的《洗冤集录》、丘濬的《大学衍义补》、黄宗羲的《明夷待访录》、薛允升的《唐明律合编》、沈家本的《历代刑法考》等也列入，并请稍加评介。

以上意见仅供诸老参考。致礼！

并向遵信、国栋等同志好！

国华 九月十日

张国华来信，第二页

第　　页

遵修同志：您好！

前上一函，想已收到。现将我对《法学》条的一些粗浅意见，提供您们参考：

(1) 在第一部分(即关于法学的对象、任务及其在科学中的地位)，写得很好，逻辑严谨，文字也很流畅。只是：(i)引用一些法学家语言，应注明出处；(ii)第5页，第二段第3行说法学是"……以马克思主义政治学为灵魂的一门学科"。这样，政治学成了法学的灵魂，提法似还欠妥？值得商榷。

P.5

(2) 关于中国法学的历史发展部分，有这样几点意见：(i)说春秋战国时期是"奴隶制法学登峰造极时期"。一般说来，春秋战国是奴隶制向封建制过渡的时期，法家主要代表新兴地主阶级思想的，说当时是奴隶制法学登峰造极，值得斟酌。(ii)中国古代法学究竟有哪些特点，为什么法学很不发展，是否能像释文所说的那样？由于个人知识疏浅，觉得很没有把握。(为慎重计，你们是否可以召开一个座谈会，请一些对我国古代法学有研究的专家来谈谈他们的看法，讨论讨论。百科全书有一定权威性，在这些问题上应力求精确。)

P.7

(3) 关于西方法学的历史发展，这部分写得也很好。只是感到有些地方似乎写得过于简略，例如19世纪自由主义与国家主义(第13－14页)论、现代西方法学的发展趋势和主要流派(第14－15页)等，似乎写得更具体些更好，对读者有帮助。

P.13

P.14

北京市日历厂 七九·一 (1326) 装 订 线

程筱鹤来信，第一页。在对“法学”条征求意见过程中，法理学家、《法学》卷作者兼特约编辑程筱鹤写信给责任编辑，提出具体意见

第　　页

（4）关于马克思主义法学，文中说："和旧法学不同，马克思主义法学在历史上第一次揭示出法律对国家政权的依赖关系"（第17页）这一点似可商榷。第一，似乎马克思主义就认为，法依赖于国家（或对之一种依赖关系）？这一点在当前法学界有争论。当然，没有国家就没有法，法依赖于国家，而国家也依赖于法。但没有法，国家能成其为国家么？统治者能保障其政权、行使其统治权力么？第二，进一步说，即使法对国家之一种依赖关系，这一点也不就是马克思主义所首创？资产阶级法学者、国家主义者都强调国家和法的关系。第三，在这里用不少篇幅批判蒋介石的"法统论"是否必要？请考虑。

（5）就大体上来说（不指其中每一点细节），我倾向于北大的提纲。

以上意见，很不成熟，请指正。此致

敬礼！

程筱鹤

12.26.

北京市印刷厂　七九·一　（1326）

程筱鹤来信，第二页

一次成功的谈心

——曾庆敏说服王珉灿

依计划，1981 年 12 月开宪法编写组审稿会，作为法学编委兼宪法主编，潘念之对这次会议非常重视，4 月 7 日就写信告诉我们，宪法分支条目的释文作者肖蔚云、许崇德参加 1982 年宪法起草工作，很忙，要我们尽早与他们二人联系，催索稿件，还说如果编写组会议在上海召开，希望请他们两位赴沪参加。

12 月，在编写组会议之前，《法学》卷先在北京香山开了第四次法学编委会，潘念之因病未能出席。宪法编写组会议继续在香山召开。在编委会上，宪法副主编王珉灿向编委会主任张友渔提出辞职。张友渔不批准，王珉灿很不高兴。我们知道，他的确是太忙了，对他要辞职有所理解。但是，编委会后接着就要开宪法编写组会议，主编潘念之因病留在上海，副主编王珉灿又要辞职，编写组审稿会怎么办？我们便找编委曾庆敏商量。

曾庆敏说，审稿会没问题，编写组成员都是很有水平的宪法学家，即使没有主编参加审稿，也不会影响宪法书稿的质量。但是，王珉灿作为司法部教育司副司长，正负责组织法学家编写大专院校的统编法学教材，写教材的法学家有许多人参与了《法学》卷的编撰，如果王珉灿脱离百科，将来在人力牵扯上会有麻烦。他说他去找王珉灿谈谈，并嘱咐我们向张友渔申请，绝对不要批准王珉灿辞职。

王珉灿的事我也告诉了参加编委会的陈盛清。陈盛清在归队执教于安徽大学前，曾应约到出版社来工作了半年，受到总编辑姜椿芳、副总编辑阎明复的敬重，对百科很有感情。他也说要找王珉灿谈谈。所以编委会散会后，陈盛清还留在香山，曾庆敏则回到市区的家里去了。

宪法编写组审稿会开始那天，曾庆敏怕王珉灿心情不好，影响会上气氛，特地从市里赶到香山，这位刑法主编来参加了宪法编写组审稿会，但这天王珉灿到统编教材编辑部去了，两个人没见着。第二天，王珉灿来香山，两个人才见面。

晚上，三位法学家要深谈，谈心，谈百科的事，我们不便旁听。等了两个多小时，陈盛清先笑着找到我们说："庆敏谈得很好，他既讲百科全书《法学》卷的重要性这大道理，又从王珉灿个人情况分析，讲小道理，讲得非常恳切，非常感人。王珉灿不辞职了。"

16日一早，王珉灿找到我，他的脸色反映着心情，很不错。他说，如果张老不同意他辞职，他实在太忙，希望宪法副主编增加一个人，最好是吴家麟。他的意见，张友渔、潘念之都同意了。

1980年3月召开法学编委扩大会议，王珉灿在这个会议上约请到会学者编写教材，张友渔叮嘱他说，《法学》卷的工作曾为《法学词典》让路，虽然教材的编撰也重要，但一定不能干扰《法学》卷工作的进行。王珉灿当时是认真承诺了的。曾庆敏的谈话让他想起了当年的承诺。他和吴家麟共同主持编写组会议，会场大家情绪饱满，会开得很好。经过大家讨论，除“《中华人民共和国宪法》”条要等1982年宪法公布后审定外，宪法和行政法两个分支稿件全部定稿。

不但编写组会开得好，而且王珉灿妥善安排写作力量，由他主持组织法学家编撰高等院校统编法学教材，没有影响《法学》卷的工作进度，实现了计划中的1982年夏全卷各分支审定稿基本完成，可以提供给七八月份要召开的全体编委最后审定全卷书稿了。

曾庆敏与王珉灿曾共同筹划《法学词典》的工作，共事很久，彼此相知，他劝王珉灿不要脱离百科的谈话，是对编委中一位关键性人物进行的一次效果良好的关键性谈话。

实现了张友渔老的设想

——编写组审稿基本完成

到 1982 年年中，编写组审稿阶段告一段落。

为保证《法学》卷的质量，张友渔安排由分支学科正、副主编并约请两三位成员组成编写组，由编写组集体把关、审定书稿。自 1980 年 10 月，各组陆续开会，每组开会，都由全体人员逐篇阅读稿件，研究、讨论、修改、审定，终于，各编写组审稿完毕，将定稿交给了编辑部。

并不是每个分支都由编写组审定书稿的。编委会副主任潘念之说，国际法的书稿经主编陈体强审定，国际私法书稿经主编李浩培审定，就达到了应当达到的质量水平，无须由编写组集体把关。

外国法和外国法律思想史就由正、副主编沈宗灵、余叔通两人，在出版社的会议室，研究了半天、商定了几个问题，审定了全分支的稿件。

经济法分支增添了新的力量。1983 年 1 月，编辑组的唐飞霄、姜逸清和我，访问在全国人民代表大会常务委员会法制委员会工作的编委李由义，向他请教新制定的一些法律的问题。李由义指导我们去访问国务院经济法规研究中心的领导顾明、王正明。张友渔便与顾明联系，约定了我们去访问的时间。按照约定的时间，副总编辑石磊同姜逸清和我，到了国务院经济法规研究中心。我们扼要介绍了《中国大百科全书》和《法学》卷经济法分支学科的情况，他们两位认为需要增收的条目还有很多，便决定由王正明担任分支学科副主编，负责决定选收的条目并约作者撰写，经济法分支学科从而加强了学术力量，编辑组由姜逸清负责与王正明联系。姜逸清在 1983 年 5 月 27 日的工作记录中，记述那天王正明约她研究工作，在座的还有薄凤阁、张永民两人。王正明交给她“经济法”条的改稿，说稿件是由他们三人吸收了关怀原稿中的资料重新改写的。改写后资料丰富，王正明说是集其大成。潘念之认为这条写得好，实际上是四个人的合作。后来他们三位又重新审阅、修改了经济法分支学科的全部条目，使稿件在原有基础上提高一步。

刑事侦查学、法医学、司法精神病学编写组审稿会是在重庆召开的。刑事侦查学主编周应德执教于西南政法学院，学院在重庆，我们开会，就住在学院里的招待所，吃在学院食堂。周应德创办了全国高等院校第一个刑事侦查专业，参与创建高等院校司法鉴定中心，是全国现代侦查学的创始人之一。他还担任过全国有关刑事侦查的许多职务，由他审定这个学科的书稿没有问题。刑事侦查学和法医学、司法精神病学在《法学》卷中是三个小的学科，合并成立一个编写组，但三个学科毕竟是三门学问，所以编写组会上请了有关专家，共同研究定稿。王万成是法医学许多条目的作者和编写组成员，在出版的《法学》卷中的编委名单及分支学科主编页上，漏了法医学编写组成员王万成的名字，每每想起，深感愧疚。

至此，全卷书稿，凡需要由编写组集体审稿把关的条目，全部由编写组审定完成了。张友渔设想的由编写组审稿的愿望实现了。但可以说是基本实现了张老的愿望，因为还遗留了两个问题：一个是中国法制史需要在已收到条目之外扩大内容，增收条目，这个问题要提到编委会上解决；一个是国际私法主编李浩培认为国际私法就是法律冲突法，不包括国际民商事统一实体法，这方面的条目还有待编委会讨论安排。

1982 年炎夏

——编委审稿会

依编委会主任张友渔意见，编委会下成立了十个编写组，编写组审定稿件内容之后再交编辑部进行编辑处理。接受张老委托，具体领导《法学》卷编撰任务的编委会副主任潘念之，一向尊重张友渔的安排，但在这个问题上，他认为编写组审定稿件之后，编委会还要集体对需要审定的书稿进行最后审定，张友渔也同意了。潘老最初考虑，编委集体审稿需要用三个月的时间，由于许多编委都是教授，不可能有三个月的集中时间，所以编委会审稿定在 1982 年暑假的 7 月和 8 月。

出版社接待科把会场安排在香山兄弟二楼中的弟楼。编委们哪有时间逛香山啊！弟楼是一座二层小楼，每层楼只有一个卫生间，编委们两人一室，一楼西端各有一间可以容纳五个人的房间，编委郭宇昭就同出版社三个编辑和一个编务住在一起。弟楼有一间长长的地下室，七八十岁的编委也要走到地下室，坐在一张长长的桌子两边开会。8 月份，会场移至暑假期间的中央党校，虽然每人可以住一个房间，室内仍然没有卫生间的设备。在这样炎热的天气、简单的居住和开会的环境中，我这支秃笔写不出编委们开会时高涨的情绪、积极的态度、认真的精神，谈起来，很多年轻人都说现在无法想象。

这次会议的任务，潘老于4月26日在上海对责任编辑说，编委会这次审稿，要在8月底将全卷21个分支学科的稿件，整整齐齐地全部审改定稿完毕，交给编辑部，书稿的质量力争达到国家最高学术水平。

那时一星期上班六天，没有双休。外地编委住在弟楼，本市的编委们，星期一早上都来了，一直到星期六下午开完会回家。每天从清晨到深夜，都是看稿、研究、讨论、修改，没人考虑暑天休息，没人介意没有会议费没有报酬，大家一心想的就是要编好《法学》卷。

按照潘老的安排，会议前期先进行分支学科的交叉审稿，就是编写组审定的一个分支学科的书稿，由其他分支学科编委审读讨论。例如，刑事侦查学、法医学、司法精神病学编写组审定的书稿，由刑法主编曾庆敏、刑法学家曾昭琼和刑事诉讼法主编陈光中复审；外国法和外国法律思想史中，苏联东欧部分的条目，由中国人民大学的关怀、郭宇昭复审。在复审过程中，编委们都非常认真，讨论相当深入，不仅对书稿中不妥之处提出意见，并提出具体修改的办法，法学基础理论主编听取外国法主编、法理学家沈宗灵和宪法学家吴家麟对稿件提出的意见，不仅虚心接受，据以修改，而且表示所提意见使自己学习到很多。19日下午，编委会召开全体会议，检查前一阶段的工作，认为自7月5日交叉分组审稿以来，工作取得了很大的进展，许多分支学科修改过的书稿，都有了一定程度的提高，体现出潘念之考虑在编写组定稿后再经编委会审稿的必要性。在会上各分支学科主编表示在7月底或8月初可将书稿修改完毕。会议决定，自8月5日开始，由全体编委集体审定各科重点条目、疑难条目、分支学科间交叉条目，最后五天审定“法学”条。

这次编委审稿会，从 7 月 1 日开始，到 8 月 22 日结束，将近两个月来，从星期一到星期六，编委们上午、下午、晚上，开大会、小会，个别交谈，读稿、研究、提意见、改稿、再改、再审修……大家在开会时讨论活跃，气氛热烈，改稿时认真谨慎，精益求精。这几十天，编委们极为紧张繁忙，工作也极有成效。闭幕这天参加会议的编委有二十余位，老前辈钱端升也来了。许多大师、学者完成了任务，欢聚一堂，十分愉悦。

闭幕这天，中国大百科全书总编委会副主任、出版社总编辑姜椿芳到会讲话，他说我国法学界由于历史的原因，过去一些年在科研方面受到挫折，今天学术界编撰《中国大百科全书》中的这一卷，难度是相当大的。但《法学》卷全体编委和各分支学科正副主编从选条、组稿到反复审修，经过两年半的努力，特别是这次编委审稿会议，大家放弃休假，不畏炎暑，夜以继日，奋战两个月，最后终于完成了任务，大功基本告成，这次会议不仅使书稿质量在原有基础上有所提高，而且使全卷付排有了可能。为此，他代表总编委会及出版社，向大家表示衷心感谢，并祝大家身体健康，在科研方面取得新的成果。愿大家早日看到《中国大百科全书 · 法学》卷出版。

编委会主任张友渔在讲话中赞扬编委会审稿会议取得了很大成就，成绩的取得，是由于潘念之坚守岗位，亲自指导重要学科和薄弱环节的工作，以及全体编委、分支学科正副主编的共同努力。他说这成绩得来不易：一些年来法学教学、研究工作中断，学术资料缺乏；民法等法典还没有制定，有些理论问题、实际问题难下结论；目前健全社会主义法制工作百废待兴，立法、司法、教学、科研、编写教材及报刊宣传等工作，造成法学界任务奇重，人力不足；法学政治性强，对实际工作影响大，内容要求严格，既不能强调学术性而忽略政治性，又不能片面强调政治性而轻视学术性；此外，全卷工作没有一个专门学术单位来负责，全体编撰人员大都靠业余时间、假期完成任务。因此，编辑《法学》卷存在着很大的难度。而现在由全体编委、分支学科正副主编和作者的共同努力，《法学》卷终于达到了总编委会“好”中求“快”的要求。他指出一篇好的书稿应当观点正确、资料丰富、科学严谨、具有中国特点。这次编委审稿会议就是本着上述要求，力争提高稿件质量的。

散会了。学者们依依惜别，相互祝好。

这次会议，没能像潘老预计的，将全卷书稿审定交给编辑部，还留下了两个尾巴：一是编委会上决定扩大中国法制史分支学科原收条目的范畴，二是增设国际经济法分支。为此，散会后潘老还在北京多住了几天安排这两项工作，之后才回上海。

附：

张友渔在会议开始时的讲话

编委会自1980年3月成立，到现在两年半时间，已经完成了选条、组稿、撰稿工作，绝大部分稿件已经由分支学科编写组审改完了，其中有些稿件的质量是很好的。现在开编委会，就是要对书稿进行最后的审定，把《中国大百科全书·法学》卷出好。我们要求这一卷成为世界上同类工具书中很好的一种，而究竟其好坏，由我们这次会议决定。会后编辑部还有工作要做，但是属于技术性的工作。学术上质量高低决定于这次编委会，相信编委会一定能完成任务。

我们能把书编好，因为我们的立场、观点、方法是马列主义的。但这不是抄袭经典著作，不是抄书。一句话，要用观点指导资料，用资料充实观点。大量引用资料而没有观点的“文章”，只是资料堆积，不能称为文章。观点错误的文章更是问题严重。但只有观点、没有资料，也是空洞无物，成了“八股”，正如只有绳子，没有制钱，不能称为“一串钱”。百科全书是以知识性为主的工具书，资料必须丰富，而且必须准确。以法制史为例，核对资料要花很大的力量。因为历史上有伪书，日记也靠不住，即使是手迹，他也常常不记对他不好的东西。历史常被有意地搞乱、搞错、搞不清楚，我们今天要想搞清楚，要狠下功夫。遇到问题，还可以同作者商量。

《法学》卷要有中国特点。当然，即使是立法，也有照抄国外立法的时候，作为工具书，《法学》卷当然可以引用外国书刊上的一些资料。所谓“千古文章一大抄”，百科全书是知识总汇，自然不是创造，但中国的百科全书一定要有中国的特点，包括一定比重的介绍中国的内容，贯彻“双百方针”，述而不论。我们要编的书不是论文集，读者要从中找到他需要的知识，你写些批判，读者不爱看。外国法律，孰优孰劣，无须评论，客观介绍出来，让事实说话。

客观事物不断发展变化，1975 年宪法，当时宣传过，78 年修改了；1978 年宪法，当时也宣传过，现在又在修改。多作客观介绍，也有利于《全书》的相对稳定性。对于“无罪推定”“人权宣言”等条，也是客观解释，只写明它是什么意思，不必写我们怎样看，也不涉及中国的司法实践。条目释文的表达要简单、扼要、明确，用正确的观点驾驭材料。

编委会怎样做好工作？要靠集体。一个人难免主观，总不一定正确，特别是学派间门户之见，比政治派别还厉害。政党还有点灵活性，一个学派就是认为自己正确。希望编委会在开展工作的过程中，彼此虚心商量，既要坚持真理，又要倾听不同的意见，不要顶牛。解决不了的问题，求同存异，必要时，总编委会还可以研究。

现在各位编委已经集中到这里，希望大家在这一次，集中精力，又好又快地把这件事完成。书稿凡能定的、基本能定的，尽量定下来。除个别需要加工的可以交给少数人以后再说，绝大部分不要拖下去，也不要推给编辑部。现在正是暑假，在学校工作的同志可以没有教学工作干扰；其他同志如果有困难，需要我出头的，我还可以为《法学》卷跑腿说话，跟你们的单位领导上打招呼，摆脱其他事务，把书编好。

编委会是一个整体，但同全国法学界比起来又是少数，还可以征求专家意见。钱端老（钱端升）是编委，因为健康关系，这次没能参加会议，像这样的专家，见解会比我们高，还要向这些专家征求意见，提高我们书稿的质量。(原记录到此终止，注明“张老继续谈‘法学’条的问题，略”。)

School of Law

Professor Han Depei
Edgar Snow Visiting Professor of Law
and Fulbright Asian Scholar-in-Residence
5100 Rockhill Road
Kansas City, Missouri 64110-2499
Telephone: (816) 276-1651

道修同志：

近奉惠书，诸承关注，至为感谢。

我来美以后，承此间美国友人热情接待，一切工作尚称顺利。Kansas City 为斯诺故乡，本地各界知名人士对我国特别友好。我到达后不久，除学校正式举行欢迎会外，本市市长还授予我"荣誉公民"称号，赠予钥匙一把，证书一帧。据此间法学院与其他大学法学院商定计划，我先后去其他大学法学院访问，讲述中国法制建设情况。因此最初两个半月内，我曾分别飞往 10 个 states，访问了二十所大学法学院。所到之处，均受到热烈的欢迎与周到的接待。每次讲述以后，按照美国的习惯，听众还当场提出问题，要求解答，或者表示不同意见，气氛十分活跃与生动。

我从上周起，即开始在此间法学院给教员作系统的讲述，共讲九次，包括十六个专题。讲完后，尚拟花一段时间收集法学方面的有关资料。故回国日期，不得不向后推迟，可能推迟到八月中旬。七、八两月会议，既不克赶回参加，深为抱歉，尚乞原谅为幸。您如需要我在国外办什么事，希即示知，定当尽力速办也。

匆此奉复，不尽一一，顺颂

近祺。

韩德培敬上

1982.6.27.

an equal opportunity institution

韩德培不能参加 1982 年 7 月和 8 月编委集体审稿会议的来信

勇于承担任务

——吴建璠接手改进中国法制史

中国法制史是全卷十个编写组中，第一个开编写组审稿会的，但分支定稿在全卷中是倒数第二个。原因是，我们和分支主编思想有分歧。

在前面“第一次编写组会议”一文中，已经记述了在会上张晋藩说“中国古代法律以刑法为中心”句的提法不妥，中国法制史不能说是中国刑法史，我国古代法律中，行政法体系完整，《秦律》中就有经济法……当时听张晋藩这样说，我们只以为是对“中华法系”那条书稿所提的意见，没有意识到主编陈盛清认为中国古代法以刑法为中心的思想，也影响他所拟的中国法制史分支的选条。直到将这个学科稿件全部读过之后，才感到条目主要是刑法，面太窄了。便和陈盛清商量，希望他扩大选条面，而陈盛清说，中国法制史就是中国的刑法史。

这是陈盛清的学术观点。我们尊重学者经过毕生研究所得出的学术观点，但这是他的一家之言，百科全书不能以某位学者的一家之言定学术的范围而据以选条。我们和主编的学术观点产生了分歧。陈盛清在合肥，我们在北京，往返多次信件商讨，他始终坚持中国法制史就可以说成是中国刑法史的观点，我们坚决不同意。问题只好提到1982年的编委会上。

会上我们先做检讨，由于我们对学术上的无知，本应在研究选条框架以及在编写组审稿会议上提出的意见，现在才提，为时是太晚了，但中国的百科全书一定要把中国的古代法律内容收全，既然有中国古代法是“诸法合体、刑民不分”的说法，那么古代法中就有民事法律，而“诸法”应不仅是刑法和民法。陈盛清说，无论什么案件，中国古代都以审判刑事案件的程序、方式审理，都以刑罚判决，中国法制史就是中国刑法史。会上双方进行了激烈争辩，有两位编委（王珉灿、曾昭琼）支持陈盛清的意见，更多的编委同意编辑部的意见。主持会议的潘念之认真听取会上双方的争论（实际上不是听，当时潘老年已八十，听力衰退，是潘师母作为“秘书”，将大家的发言写在便条纸上，一张张递给潘老看的），最后潘老拍板，依编辑部意见，扩大中国法制史的范畴，增加选条。

对潘老的这一决定，陈盛清表示自己已经无能为力。于是潘老环顾编委，问在座的吴建璠能否完成这一任务，吴建璠勇于担当，表示同意。吴建璠当时是中国社会科学院法学所副所长，苏联留学生，学贯中西。

为了完成这个任务，吴建璠一面从事本职工作，一面从事《法学》卷中国法制史的工作。他先后十一次来到我们编辑组办公的招待所，常常就住在招待所里，和责任编辑唐飞霄一道，重新约请法学家座谈，研究选条，中国法制史框架十易其稿而后定。当依据吴建璠的意见落实的一篇篇新稿寄来后，他进行学术把关，唐飞霄处理体例，终于使飞霄同志：

去年十二月承蒙见访，交代编辑部对修改"唐代法规"的意见。稍后又接手书，告以可放手写，毋拘于原定字数限制。自顷以来，此事恒念念不去心，亟思于陈盛老南旋前完成之，以践前约。顾事有不巧，院部派我去美国作短期访问，须赶写一讲稿，因之至今未能腾出手来从事修改。我将于明日动身赴美，估计五月中可回国，不知五月底、六月初交稿是否还来得及？如果可以，请将此任务仍保留于我名下，请于回国后优先完成之。如果不可，则请转商他人修改，我无异议。为修改拙稿，屡烦费心，私衷至为感激，谨此致谢，并请代向陈盛老致意。匆此，即颂

撰安。

吴建璠

1982.2.9.

吴建璠给唐飞霄的一封信

扩大了内涵的中国法制史的全部稿件达到齐、清、定。

《法学》卷出版后，中国法制史分支共有历代法规、行政法、刑法、民法、经济法、诉讼法、人物、著作八个板块。当时的中国法学会理事、纪晓岚七世孙女纪清漪说，他们许多老法学家对此表示满意。

当年与陈盛清的激辩，的确是对事不对人，并没有影响他当年与我们共同辛勤奋斗编书的友谊，所以他每次来京探亲，都约我到他儿子家小聚畅谈，尽欢而散，直到他逝世。

解决了最后一个难题

——促成国际经济法分支

1982 年 7 月和 8 月两个月的编委会，遗留了两个问题：一个是中国法制史扩大内涵，增收了条目；另一个是要增设国际经济法分支学科。

增收这一分支的缘起是，关于国际私法在学术界存在不同的观点，即所谓“小国际私法”和“大国际私法”的不同。主张国际私法就是法律冲突法，这种观点被称为“小国际私法”；主张“大国际私法”观点的学者，认为国际私法除法律冲突法，还应当包括国际民商事统一实体法。国际私法主编李浩培先生选收、审定的条目都是法律冲突法，中年学者姚壮组织交来的《海牙规则》等条目安排在哪里呢？

这个问题向编委会主任张友渔请教。张老指示，征求当时中国法学会副会长宦乡的意见。宦乡意见非常明确，将国际法分成三个分支学科，即国际法（国际公法）、国际私法（法律冲突法）和国际经济法（包括国际公法中的有关条约和国际民商事统一实体法）。

1982 年编委决定依照宦乡意见，增收国际经济法分支学科，这是

《法学》卷工作中的最后一个难题。

12月份，潘念之在上海主持召开了国际经济法学术讨论会。这是全国学术界对国际经济法的第一次讨论。国际经济法是第二次世界大战后，特别是20世纪60年代以后新兴的学科，当时中国以及世界上对国际经济法的概念、研究对象、范围甚至其能否独立成为一个学科，都有争论，所以这次学术讨论会很有必要召开。《法学》卷要增收这样一个分支，如何选条、组稿也由潘念之安排在这次会上解决。这次会议不但有学者参加，也受到实际工作部门的重视，一位上海市副市长就在会上提出了一些有关对外贸易的法律问题，其他人在大会发言中也谈到一些具体案例。这些发言说明在《法学》卷上增收国际经济法分支切合实际需要。

潘念之在会上指出，研究国际经济法，要注意我国1982年宪法第18条、万隆会议十项有关经济方面的原则、坎昆会议上赵紫阳总理的讲话及中共十二大上胡耀邦这方面的讲话精神，还要注意维护发展中国家的利益。这些当然也是编撰《法学》卷的国际经济法分支条目应当注意的。

这次会上，到会学者研究、讨论，拟出《法学》卷国际经济法分支的选条，并推荐了一些作者，参加这次讨论会的作者当即接受了撰写任务。

潘老主持召开这次会议是非常节约的，与会人员有百余人，凡住在上海市的，白天开会，晚上各自回家，在宾馆只订了37个床位，36个床位提供给外地学者，一个床位给我。一辆大巴、一辆面包车，往返于宾馆和会场之间，刚好37个座位。散会后，为节约经费，会务组把宾馆房间全退掉，潘老让我住到他自己家里，安排他们的小儿子住到二老的房间，把他儿子的房间让给我。有一天我早上起床，但见整个房间天旋地转，心想赶快坐下不要摔倒的瞬间已经晕倒在地，还有劳师母带我去就医。

在潘老家住了三四天，老人家白天到法学所处理工作，晚上安排我《法学》卷的工作怎样进行。当时中国人民大学设有国际经济法课程，人大教授刘丁因病未能出席会议，潘老叫我返京后拜访刘丁教授。《中国大百科全书》法学编委、司法部教育司副司长王珉灿说，国内当时有两位知名度很高的国际经济法学权威，一位是厦门大学陈安教授，正在国外，一位是武汉大学姚梅镇教授，也因病没有出席会议。李浩培先生曾说姚梅镇和王名扬是他的学生中学术造诣最深的学者。潘老嘱我敦请姚梅镇教授担任《法学》卷的国际经济法分支学科主编，并约姚先生撰写他深有研究的“国际投资法”条目。

我回京后遵潘老的嘱托去拜访了刘丁，又调整了选条，落实了全部作者。请姚梅镇担任主编，那时已是 1982 年底。编辑组工作极忙。8 月份编委会将全卷 21 个分支学科中 19 个学科的定稿交给我们，极需出版社编辑部的一、二、三审定稿付排。编辑组的全体人员住在招待所，不少人工作夜以继日，看文稿、核对资料、统一名词，负责二、三审的社会科学编辑部主任丘国栋和分管法学的副总编辑石磊，都住在招待所里，工作程序环环相扣，一人离开就影响工作一片。我已去上海 10 天，不能再去武汉当面敦请姚梅镇担任主编，只能写信。

我毕恭毕敬地写信去，说明了国际经济法讨论会的情况，《中国大百科全书》按学科分卷的《法学》卷增收这个分支的原委，编委会副主任潘念之请他撰写“国际投资法”等三个条目，更请他担任这个分支学科的主编。

他1983年1月9日回信说，潘老嘱令撰写三个条目，自当从命，努力按期完成，但自己对这门新学科初学，犹未入门，常自惶悚，主编一职，力不胜任，推辞了。我再写信恳请，他再予谦辞。这是可以理解的。一位真正的学者常常会觉得自己的学术造诣与应约担任的任务是不相称的，姚梅镇的谦虚是真心的。那么，我们的分支怎么办呢？我只好再写信详细说明王珉灿的提名及当时国内国际经济法学权威学者的缺乏，如果他不担任主编，这个学科的书稿就不能定稿，就不能全卷书稿定稿，就不能付排付印，《中国大百科全书》中的《法学》卷就不能出版。法学编委韩德培同姚梅镇同在武汉大学，他也劝说姚梅镇担任主编，此时姚梅镇感到责无旁贷，便义不容辞地把主编任务承担起来。

于是我们将收到的书稿一篇篇寄到武汉，姚梅镇将审修定稿的书稿再一篇篇寄回，他不但寄回稿件，还总附有几页的长信，说明为什么要那样修改，编辑部在处理上要注意什么。在全卷书稿中，只有国际货币法我们收到两篇释文，一篇的作者是史久镛，一篇的作者是盛愉。史久镛当时是外交部法律顾问，后任联合国国际法委员会委员、国际法院院长，盛愉当时任社会科学院法学研究所副所长，两篇稿件我们同时寄给姚梅镇，他说两文写得都好，但用史久镛那篇更为妥当，并说明了理由。于是我们只用了盛愉写的“国际发展法”条，她写的“国际货币法”条就没有采用。这里附带说一件事：书出版后，我与盛愉邂逅于西直门内大街，她同我并不是只打个招呼寒暄几句就分手，而是在路边与我立谈了十几分钟，谈话热情欢快，不能不敬佩她不计个人得失的高尚学者风度。

姚梅镇审完最后一篇稿件，认为所收条目尚不能涵盖国际经济法的全部内涵，但时间紧迫，已经来不及再增收条目约请作者撰写了，他同编辑部都在无奈中，满怀遗憾的心情，结束了这个分支学科的工作。

2006 年出版的《法学》修订版，在编撰时姚先生已逝世，由陈安教授担任国际经济法分支的主编，弥补了一版《法学》卷的遗憾。

增收国际经济法分支，是《法学》卷编撰工作中的最后一个难题，潘念之亲自主持解决，老人家时年已经八十高龄。

潘老组织会议的精神，使我深受教育。回北京后，写了一篇《开会记》，刊登在出版社内部刊物《探讨》上，现附录于篇后。

逢俊同志：您好！前函收悉，一併奉复。

张毅先生等书的国际经济法条目，已看过一遍。因时间太促，不能深入研究及参照有关资料。总的看来，条目是可以的。有的写得很好，有的还存在问题，有些意见，已用铅笔在各该条目上作了记号和意见，有的文字上也作了一些修改。这说编辑部在这方面花了大量的时间作了可贵的努力，对于写的几条总体方面，做得很好，我是同意并致谢。提出几点看法和意见：

(1) 关于国际经济法与国际经济法学这样安排，两者并列，很好。但在编排体系上，不同意把"国际经济法学"这条列在最后，相反的，应列在国际经济法的开头。从学科的内容体系来看，作为一门科学来处理，首先研究方法及有关研究的学说应在一开头就讲，任何一本专著，讲义，都应当是这样安排，先讲方法论然后才谈这部法学的具体项目。"国际经济法"同国际经济法学"并列在一起，一目了然，何况大多数的条目也谈了广义与狭义两种，各该条文，谈了研究方法及不同学说，对读者读该书就知其来龙去脉，容易理解。另一个条文，一个放在最后，应当改。关于评价各家不行，指出有关论文，比如

省百19.2×26.6（新文）81.4. 249

①

姚梅镇审稿意见信之一，第一页

称之国际经济法之后，更不恰当。这是从一门学科的内涵去科学依据出发，如果避免国内法一类国家法律写的，那就不会混[illegible]

3. 这些个人意见，请予考虑结合本书编写的目的来考虑定夺。

(三) 事实所下各条中有许多都不能避免从国内法规范涉到国际法规范，或从国际法规范又延伸到国内法法规，称之国际经济法问题，都不能完全离开国内法与国际法[illegible]联系而来的)。

(2) "国际经济秩序"这一条，我考虑有这样几个问题。

a. 一开头所下的定义，不知有何依据。把国际经济秩序作为××的"规定"，恐怕不妥。经济秩序本身并不等于法律秩序，必须通过法律规定才构成法律秩序。过去我阅读过一些关于国际经济秩序的书籍和文章，尚未见过这样下定义的。事实上都避免下定义，确实也难下定义。最好不这样下定义，或不下定义。作者在以下的论述中，又写××经济条件、决定、反映了国际经济秩序，若按开头作为"规定"的定义加以对照，就不易协调，在逻辑上，反而会产生混乱。

b. 不知作者是否对国际经济[illegible]这一点，[illegible]

作为上层建筑的法律，是反映、巩固一定经济基础，维护一定经济秩序的。实际中所提的国际经济[illegible]，不能说就是国际经济秩序，而只是反映[illegible]形成的国际经济秩序的国际法规范(或国际法律秩序)而已。它们的作用，是维护旧的国际经济秩序……经济秩序与法律秩序，已被[illegible]

著百19.2×26.6(新文)81.4. 249

②

姚梅镇审稿意见信之一，第二页

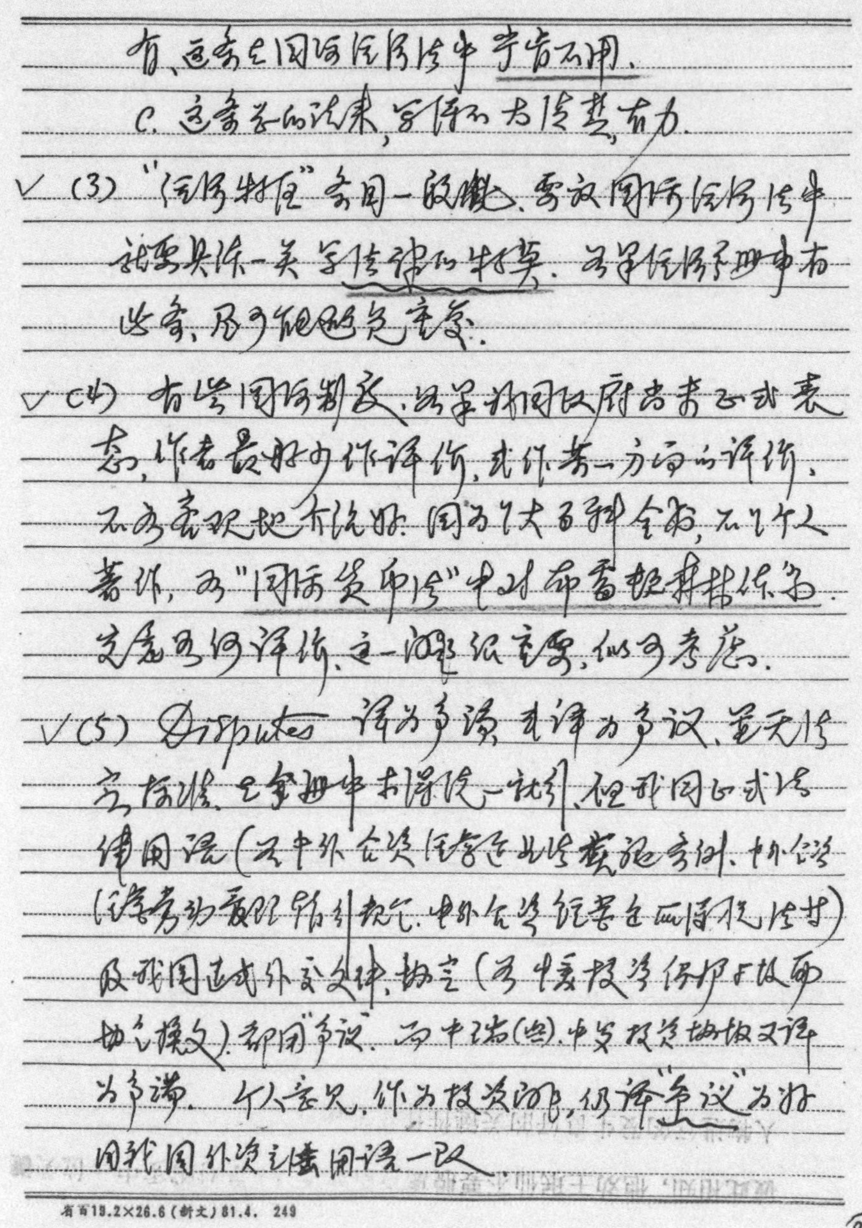
有，这条在国际经济法中常有应用。

c. 这条学说的说法，可使之更为有力。

✓(3)"经济特区"介绍一段很好。要放在国际经济法中，就要具体一点，写清楚它的特点。若是经济法学中亦有此条，反可能避免重复。

✓(4) 有关国际制度，凡是我国政府尚未正式表态，作者最好少作评价，或作某一方面的评价，不必要求把它说好。因为这是大百科全书，不是个人著作，如"国际货币法"中对布雷顿森林体系，究应如何评价，这一问题很重要，似可考虑。

✓(5) Disputes 译为争端，或译为争议，并无实质区别，在本册中亦应统一说明。但我国正式法律用语（如中外合资经营企业法实施条例、中外合资经营企业劳动管理规定、中外合资经营企业所得税法施行细则）及我国正式外交文件、协定（如中美投资保护协定换文）都用争议，而中瑞（典）、中德投资协议文译为争端。个人意见，作为投资问题，仍译"争议"为好，同我国外资立法用语一致。

省百13.2×26.6（新文）81.4. 249

③

姚梅镇审稿意见信之一，第三页

(6) 关于"外国投资争议调停中心"，译稿都改为"国际外国投资争议中心"，我觉得仍用原书译名好。

a. 英文原译本意译都应按 International Centre 译为国际中心，在国际二字以前不好。国外书上都都简称国际中心（International Centre）。

b. 我国《国际条约集》（1963-1965），也译"外国投资争议国际中心"。

希望最好不要改。

(7) "国际货物买卖合同"章目内容安排上有点乱，眉目不太清楚。可否先讲合同内容，再讲准据法，再讲合同格式，最后讲仲裁。请考虑。

~~(8) 全书各编排目录上次本书打印顺序同意~~

(8) 除国际经济法导言一章，应排在国际经济法第一册开头外，对各个篇排顺序同意。

书中共43条。阅后，略叙意见：

九条不成熟意见，请考虑，仅供参考。此致

省百19.2×26.6（新文）81.4. 249

敬礼

姚梅镇

'84.1.10.

④

装订线

姚梅镇审稿意见信之一，第四页

武漢大學 学报

逢传同志：

关于国际反托拉斯及国际货币法两篇，抓紧时间反复看了几遍，为了不耽误您们付印时间，来不及去找资料核对，谨提出我的意见。

（1）国际反托拉斯法一篇，论理清楚，说明扼要，我同意可用

（2）国际货币法两篇，反复对照读了几遍，同意编辑部的意见，用史稿较好。至于属于国际私法范畴问题，我觉得问题也不大，本书关于国际经济法及其所属各分支，至今国内外学术界一直存在两种主张，难求统一。史文编写本书是附属于国际私法范畴的，故其所写国际货币法，当然不会例外，无法再从体系上来改动。原来书坚持也把国际货币法认为同国际私法一样，主张差异不过把国际私法作了一些扩大而已。至于史稿中曾未明确提到本国际经济新秩序有关的几个国际货币法的原则，固然是一缺陷，但不能明确我国的特色，事实上它最后提到发展中国家的主体时已反映了国际经济新秩序的指针和原则，我觉得不必再加上。当否请教示

20×15＝300　第　页

此致 敬礼 姚梅镇 1984.6.17.

姚梅镇审稿意见信之二

附：

开会记

谁没开过会？有什么好记的？有。

最近，我到上海参加了国际经济法学术座谈会。会开得很好。且不说领导同志报告和学术论文的内容，那会务组织工作真是干得十分出色。

报到定于12月5日。这天上海极冷，气温零下二度，会务组人员迎接了每一次轮船、每一次火车、每一次航班。前来开会的代表，一进宾馆就见到两位同志等在那里，一位引代表去报到，一位继续等待可能再来的客人。

我一进会务组，刚刚自我介绍了单位，他们马上说："啊，张遵修同志，请签到。"会务组对到会人员如此熟悉！

一签完名，马上，一个代表证，一叠早已订好的饭票，一张返程车、船、机票的油印订票单，一套打印好的议程、代表名单、与会注意事项，全部交到我手。准备工作又何其充分！

代表们住在机场附近的龙柏饭店，每天开会则到市内上海社会科学院礼堂。会务组每天两次安排汽车接送：一辆大轿车，一辆面包车。人人都有座位，而又座无虚席，计算非常精确。而且，这样一个大会，正式代表只以37人计，上海市许多有关的科研、教学、工作部门的同志，都作为列席代表，连同大会工作人员共约百人，每天到社科院开会、服务，自来自走，不住宾馆，不用车膳，节约了大量开支。

开会服务非常周到，讲到有图表处，幻灯就亮了。开会归来，每个房间有一份《人民日报》，一份《羊城晚报》，一份《世界经济导报》。全部论文，每位代表取到厚厚的一袋。第一天开完会，第二天简报就送到各位代表手里。

讨论实际工作那天，我留在饭店整理材料。

“嘟、嘟、嘟！”有人敲门。

进来一位小姑娘：会务组的小吴。她说：“早上乘汽车少两个人。张老师你没有去？”工作何其细致！每天谁没有乘车，每餐谁没有吃饭，她都心中有数。这位小吴面孔甜甜的，样子比她的年龄小好几岁，做起事来又比她的年龄大好几岁。闭幕前夕，她逐个房间退换饭票，该收 4 两的，决不收半斤，哪怕一两上海粮票对外地代表未必有用，也要一丝不苟。她吃饭却总不同我们在一起，远远坐在另外一张餐桌上。我去看她，只见她面前一碗粉丝。原来工作人员伙食标准是代表之半，不禁肃然起敬。

编书三年，组织过一些会议，总感觉牵涉看稿的精力，这次来吃一碗“现成饭”，原来只觉得轻松。看到人家会务工作组织得这么好，心情岂止轻松而已？

这种情况不仅出现在上海。

1980 年 10 月我们去安徽大学，开中国法制史编写组会议。校方派了一位搞教学的常俊山同志负责会务。整个会议期间，他帮忙安排住处、伙食、借书、找车，从没有小看过会务工作。每一餐，他嘴里吃着自己的饭，心里、眼里照顾着大家。馒头一少，马上到厨房再端出一盘来。二十多天相处，事例不及一一。只此一点，令人难忘。

同年 11 月，我们到重庆西南政法学院开刑侦编写组会议。会议定于 15 日开始，虽提早订票，我拿到的却是 16 日的机票。唐飞霄同志决心哪怕坐两天两夜也要及时赶到四川，12 日一早买坐票出发了。13 日我去北京开完编委会，硬是拿着 16 日的机票乘上 14 日的班机，心想四川的同志还以为我要迟到两天呢。飞机落地，天已大黑。我乘上班车。突然听到广播："北京大百科张遵修同志，服务台有人找！"谁找呢？我赶到服务台。原来西南政法学院负责这次会务工作的同志打来电话，说如果我到了，马上派车来接。我不禁深受教育，感到人家的工作堪称负责细致，而且聪明。

回过头来看看我们自己，深感内疚。也许有不少兄弟卷的会务工作做得相当精彩，我们取经不够，但从《法学》卷来说，比起上述情况，可谓远远不如。这里也不必举例一一了。过去的总之已经过去，可以吸取教训，今后呢？大百科有两个第一线的工作：一个是定稿，直接同读者见面；一个是组织工作，包括组织会议，直接同作者联系。编撰《全书》是一件十分艰巨的任务，要依靠全国学术界一两万位专家同心协力，共同完成。访问专家的学科编辑，是大百科的"大使"，体现的是大百科的精神；邀请专家来开会的会务作风，所体现的更是大百科精神，我们的表现将在专家的心里留下深刻的印象，正像上海等地给我们留下的印象一样。平时我们总要求作者、主编审改稿件不厌其烦，不要怕一而再，再而三；对于我们自己，在组织会议、联系专家的时候，又应当以怎样一种精神，才能使学术界相信我们是总编委会得力的工作班子，是可以信得过的合作对手，乐于同我们共同拼搏呢？

会务工作非常琐碎：找旅馆，发邀请信，争取所在单位协助，预订报纸，采购文具，通知大家我社电报挂号及地址，了解到会同志到京日期、车班次，到站迎接，准备汽车，安排床位（要注意谁怕同住一室的同志吸烟、熬夜、打呼噜），准备文件，打印，分发资料，安排议程，随时了解到会同志的情况及需要，帮年老和行动不便的同志采购书籍物品，寄送邮件，供应常备药品，及时送生病的同志就医，负责准备好病号饭，计算并发放夜餐费，散会前要退换饭票，代购飞机、火车票，供应电报纸，代拍电报回家安排迎接，直至送行。随手写了这些，不及细想，还有其他。例如领导上曾要求我们组织文娱活动、会餐，又是不小的任务。这些事情，一件也疏忽不得，一不注意，就出纰漏。只有事事都安排好，编辑部同志才能充分利用开会的机会，同专家一道安下心来，讨论框架，修改文章，研究工作。

自从社里成立接待科以来，包了两处房子，基本解决了会址，全部解决了代购飞机、火车票，并可以代租汽车。但大量的、日常的、与业务工作紧密联系的会务工作，还需要由编辑组自己承担。过去在研究会务工作的时候，同志们常说“人力不够”，这是事实。今夏《法学》卷编委会长达两个多月，与会人员最多时达 50 余人，而承担全部会务工作的，只有一个年轻同志，这就不能不时时捉襟见肘，并牵扯了学科编辑的力量。但实践证明，临时增加一两位同志也插不上手，并不是人多好办事。所以，人力怎样安排、组织、培训，可以研究，但这也是另外的议题。无论由编辑组还是另外成立会务班子，会务工作都需要训练有素、热爱会务工作的同志从事。

懂得了会务的重要性，就会对会务工作产生感情。听说有的青年同志以为只有案头工作才是编辑工作，而搞会务是“打杂”，这话大概有点外行，说明他不太懂编辑工作，特别是不太懂需要承担格外繁重的组织工作的大百科的编辑工作。你不做组织工作，稿件从哪里来，案头工作又从何做起呢？我又想起了小吴姑娘。她的眼睛，她的微笑，她时时流露出的关切神情，以及她所完成的每一件具体的细小工作，都仿佛是在说：她深深懂得她所从事的是一项非常光荣、非常重要、非常有意义的工作，必须克服一切困难、全力以赴地去做。上海法学所和中国社会科学院法学所许多搞科研的同志，正是抱着这种精神，满怀热情，出色地完成了这次会议的会务组织工作。大家感到国际经济法学座谈会组织得好，不在于伙食精美、宾馆豪华，最可贵的，正是这样一种精神。

百科的同志怎样在今后的会务工作中体现这种精神呢？

名师出高徒

——王名扬是李浩培弟子

王名扬是国际知名学者、行政法学大师。他 1916 年诞生于湖南衡阳，1937 年考入武汉大学，1948 年到法国留学，取得巴黎大学行政法学博士学位。他的博士论文题目是“公务员的民事责任”，在博士论文答辩会上，他是通过由法国行政法学权威组成的答辩组的答辩取得学位的。

王名扬是行政法学大师，他为《法学》卷撰写的却是国际私法方面的条目，这是国际私法主编李浩培约他撰写的。在武汉大学，李浩培和王名扬是师生，李浩培说，他的学生中有两个人学术造诣最深：一人是姚梅镇，是《法学》卷中国际经济法主编；一人就是王名扬。王名扬在 1987 年他 71 岁的时候出版了《英国行政法》，后又出版了《法国行政法》，1995 年出版了两卷本的《美国行政法》。这三本重大的著作使一代学人称他为行政法学泰斗，并将这三本书出版的时期称为王名扬时代。

我们在编读国际私法分支的书稿时，遇到许多不理解的地方，有许多解决不了的问题。主编李浩培是外交部法律顾问，太忙，副主编卢峻则远在上海社会科学院法学研究所，所以我们就向王名扬先生请教。他真是一位诲人不倦的好老师，耐心地答疑，妥善地帮我们解决我们解决不了的书稿上的问题。有时他到我们的办公室来，办公室位于现在亚运村一带的一处招待所里，有时我们到他家去。

王先生当时住在北京对外贸易学院（今对外经济贸易大学）教职员工宿舍。那时的学院和宿舍被包围在一片农田中。有一次约好晚六点半去，我从和平里公交站下车，走到北三环北面，再走不远就是农村。天已黑，一路上不断有狗叫，我很怕狗，壮着胆子向前走，终于走进王先生的家。因为想着狗，解决了两三个问题就告辞，先生说不忙，看看还有什么问题；又解决了两篇稿件的问题，告辞，先生再挽留。我横下心来，把所带来稿件上的问题都解决了，才起身告辞。走出房门，吃惊地发现，王师母、他们女儿都已站在家门口，穿好大衣，还抱着王先生的大衣，是全家人要送我啊！一股暖流涌入心中。他们并不知道我怕狗吧？可能考虑我已经不年轻，不放心我一个人晚上在荒凉的田野里走路，就决定要送我吧？真后悔不该晚上来打扰他们。他们一家三人一直送我到和平里车站，此情此景，终生难忘。先生对我们的指教、帮助，以及寒冬深夜的护送，在《法学》卷的页面上是没有字迹可寻的。先生到办公室找我们，是要走过这么一段长长的田间小路，再转两次郊区公交车才能到达的，他的足迹也是在《法学》卷的页面上看不到的。

出版社总编辑姜椿芳希望百科全书编得图文并茂，国际私法可怎么配图呢？王名扬先生与海牙国际私法会议联系，得到了三张照片：一张是该会 1980 年第 14 届会议照片，配在“海牙国际私法会议”条；

一张是该会 1960 年第 9 届会议开幕式照片，配在这一届会议通过的“《保护未成年人管辖权和法律适用公约》”条；还有一张是该会 1972 年第 12 届会议讨论《产品责任法律适用公约》的照片，配在这个公约的条目上。

下面是《法学》卷出版后，王名扬写给海牙国际私法会议感谢信的原文和译文。

Pékin le 24 mai 1985

Cher Monsieur,

L'Encyclopédie chinoise, volume de droit, est parue il y a quelque temps. Dans ce volume se trouvent plusieurs articles sur la Conférence de La Haye de droit international privé, se portant sur son organisation et certaines de ses conventions, articles écrits avec les documents que vous m'avez envoyés. Pour remercier votre aide utile au cours da la réduction, les éditeurs et moi vous prient de recevoir un exemplaire du volume, témoignage de notre reconnaissance. D'aileurs, je prends la liberté de demander si le rapport explicatif de la Convention sur les trusts est prêt.

Veuillez agréer, Cher Monsieur, l'expression de mes sentiments les plus distingués.

Wang Ming-yang

Wang Ming-yang
Institut de recherche
Université de Politique
et des Droits de la Chine
Pékin , Chine

Monsieur G.A.L. Droz
Secrétaire Général
Bureau Permanent de la
Conférence de La Haye
de droit international
privé
La Haye Pays-Bas

亲爱的先生：

《中国大百科全书·法学》卷已经出版，在这卷里有几篇关于海牙国际私法会议的组织和某些公约的条目。这些条目是利用你所供给的材料写的。为了回报你在编写过程中有益的帮助，各位编辑和我请你接受一本《中国大百科全书·法学》卷作为我们感谢的见证。此外，我请问关于依托公约的说明报告是否已经准备好了。

关于资料核实

——法学家给予了大力帮助

百科全书是大型工具书，要求它的标准是内容必须绝对准确，事实、数据都应当精确无误，这样才能供读者检索查阅，并能予以可靠的引用依据。曾有学者说，如果一个资料在别的书上与百科全书上不同，就用百科全书的。这是对百科全书的最为严格的要求，并不是百科全书上的就可以用，必须是百科全书上的资料绝对准确才可以引用，否则以讹传讹，后果严重。

所以我们收到书稿之后，进行的案头工作不仅是文字修改，以尽可能压缩字数、符合体例，还有译名统一、资料核实、配图等工作。

其实，作者在撰写书稿时，对资料的运用都是非常谨慎、非常负责的。例如谢怀栻刚刚寄来书稿，立即又寄来更正。他 1980 年 11 月 30 日来信说："今晨挂号寄上六个条目的稿，刚寄出后，就发现一个错误，在'德意志联邦共和国法律概况'，在历史那一段最后一句——有一些邦也共同制定并施行了统一的票据法（1947），1947 应改为 1948。"蒲坚于 1980 年 8 月 7 日来信说："我在写元代法规条中曾引用《草木子》

中的一条材料，因当时我未找到原书，故转引（王棠：《知新录》卷十七引叶静斋《草木子》），现已找到原书，请更改为：（叶子奇：《草木子》卷三）。”

法学家重视资料的准确性，编辑部再核实资料，是为了对资料的准确性更加有保证。我们遇到问题向法学家请教，他们都认真答复。责任编辑唐飞霄曾对人物条目“周鲠生”中一处资料有怀疑，向作者韩延龙请问，韩延龙回信说，“周鲠生一文是根据外交部周鲠生档案写的”，没有问题。老唐又问“马锡五”条目中马锡五的一个经历，韩延龙回信说那材料来源于悼词，并将1960年4月11日《人民日报》上刊登的悼词全文抄了寄来。1985年《人民日报》第8版上刊登了署名为尼诺写的一篇文章《记董老的六十大庆》，文中说董老诞生于1886年，《法学》卷上写他诞生于1885年，错了。作者韩延龙说，他写董老诞生于1885年，是根据1975年4月4日《人民日报》上由中共中央、人大常委会、国务院公布的董老逝世的讣告，写董老于1975年4月2日逝世，享年90岁，依此计算董老诞生于1885年。尼诺的文章中也说，董老的诞生年为1886年，是根据新的考证计算出来的。

由于百科全书的资料必须精确，所以中国大百科全书总编委会副主任、法学编委会主任张友渔在对编辑部全体人员做报告时说：出版社的任务，不仅是出版《中国大百科全书》，还要积累一套精确的资料。

法学编委会副主任潘念之也很重视资料核实。我们将每个编写组的定稿都送给潘老，他读后常作批示，有时他也批示某篇文章中的引文还要再行核对。书稿付排前，作为宪法分支主编，他对条目中引用的1982年宪法条文，又逐字进行了核对，包括标点符号。

资料核实这项工作，我们得到法学家的大力帮助。编辑李晓露负

中国社会科学院法学研究所

马锡五：陕西省志丹县人，1898年生，1930年开始革命活动，1935年加入中国共产党，先后进行过对国民党军队的兵运工作，组织红色武装，参加了创建陕甘宁苏区的斗争。以后历任陕甘省粮食部长、国民经济部长，陕甘省苏维埃主席等职。抗日战争时期先后担任陕甘宁边区庆环专区、陇东专区副专员、专员职务。解放战争时期，1946年在陕甘宁边区第二届参议会上被选为陕甘宁边区高等法院院长，后为陕甘宁边区人民法院院长。全国解放后，任最高人民法院西北分院院长，并任西北军政委员会政治法律委员会副主任职务。1954年被选为第一届全国人民代表大会代表，并任最高人民法院副院长。1959年任中国人民政治协商会议第三届全国委员会委员。

摘自《人民日报》19[illegible].4.11.

作者韩延龙答复责任编辑唐飞霄提问，抄来关于马锡五的原始资料

责核实经济法和国际经济法两个分支学科书稿中的资料，1983年6月30日他的工作报告中说，两个分支的核资卡片共有2500张，已核完的是1800张，还有700张待核，任务紧（11月份全卷付排）、难度大。之后他到武汉，国际经济法主编、武汉大学姚梅镇教授安排了两个研究生协助，核实了国际经济法分支书稿中引用的全部资料。

资料核实是难度很大的学术性工作。如果不懂学术，要核一处资

料，就不知道它的原始出处，不知道到什么书、书中的什么篇章去找，就如要找一个人，不知他住在什么街道，什么门牌号码，无从找起。法学编辑组共有20人，其中8人负责资料核实，还有国际公法和宪法两个分支学科的书稿无力核对。于是我去找国际法主编王铁崖。先谈他写的稿件。《法学》卷的“国际法”条，是王铁崖撰写的，太长。他不喜欢别人改他的文章，我们请他自己压缩，他开玩笑说：“我越努力，稿费越少。”我请他帮助找核实国际法分支条目中资料的人才，他轻松地说：“让田如萱去，她会跑。”田如萱是北京大学国际法研究所的研究员，王铁崖是所长，了解她的能力。为什么说她会“跑”呢？因为那时没有任何一个单位的藏书能够核实《法学》卷中的国际法分支所有条目释文中需要核实的资料，作为研究员，田如萱知道什么资料需要在什么书上查到，而那本书是在北京大学还是在外交学院还是在北京图书馆……她就要跑到那里去查阅，做出资料核实卡片交给我们存档。这项案头工作是田如萱跑着完成的。

在上海社会科学院法学所里，有一位研究员程辑雍，他是潘念之所长领导下的一员干将，《法学》卷中宪法分支学科的全部条目的资料核实工作，都是潘老安排程辑雍负责的。他认认真真地默默工作，完成任务后交给我们核实资料的全部卡片。他为人处世很是低调，在我的记忆中搜索不出他的故事，他的功绩则体现在《法学》卷一版宪法和行政法分支学科的条目完全没有资料性错误之中。

法学编委会主任张友渔一再强调资料准确的重要性。出版社总编辑姜椿芳安排到法学编辑组负责核实资料的编辑有8人，此外还有田如萱、程辑雍两位研究员协助完成这项工作。两位法学家的名字，作为特约编辑，刊登在版权页上。他们只想做好工作，并不在意名义。

名不正则言不顺

——法学家帮助完成译名统一

联合国教科文组织曾派人到中国大百科全书出版社，是1987年还是1988年以及来人的姓名我都没有记录。出版社组织编辑部十几个人与他座谈，讨论名词统一问题。他说在许多国家都存在对外国名词译名不统一的问题，如何解决这个问题亟待研究，他问了我们编百科全书如何统一译名的情况和意见。在这里，顺便说一句题外话：他在会上很是赞扬中文，不赞成汉字拼音化，说在中英对照版的书籍中，英文占一页纸，汉字只用半页，节约纸张，为保护林木环境，联合国是号召节约用纸的。

在《法学》卷中，有外国人名、法典、国际条约等等译名，不同的来稿中，译名不同，有待统一。负责这项工作的编辑刘深说，有一个条约，不同的来稿中竟有七个译名之多，有的是根据联合国的中文文本，有的是根据我国公布的条约名称，有的是作者撰稿时根据外文的条约名称自己译出的。虽然只有一两个字或者在顺序上略有差别，也必须统一。我们究竟应当以哪个译名为标准呢？于是向外交部请示。

外交部条约法律司于1984年3月2日复信说："《中华人民共和国条约集》刊登的文本用词准确……但条约集搜集的条约数量有限……我们意见，凡引用我国加入的公约，尽可能引用我加入时的采用的文本（这类文件可查找人大常委会公报），或《条约集》上刊登的文本。我未参加的公约译文请你们酌定。"

条约译名的标准明确了，原来的外文名称呢？以及人名原文呢？这是最初我们向作者约稿时疏于提出的，因为我们告诉作者，释文中外国名称不注原文。现在为名词统一需要原文，我们就要向作者请教，刘深只得一封一封的信写给作者请问，有劳法学家们逐一回复。

关于人名，刘深问国际私法分支中条目的作者倪征日奥，在他所写释文中提到的傅希悦与海德的外文原名，倪征日奥就清清楚楚地在回信中写明：

傅希悦 Paul Fauchille (French) 1858-1926

海德 Charles Cheney Hyde (US) 1873-1952

我们向作者请教法典和条约的原文，李浩培在回信中写道：《保护未成年人管辖权和法律适用公约》是"Convention concernant la compétence des autoritéset la loi applicable en matiére de protection des mineurs"，《受虐待或遗弃的未成年人保护法》是"Loi sur la protection des enfants maltraités ou moralement abandonnés"……关怀在回信中写道：《劳工结社禁止法》是"Unlawful Combination of Workmen Act"。谢怀栻在回信中写道：联邦德国的《青工保护法》的全称是"Gesetz zum Schutze der Arbeitenjugend"，简称是"Jugendarbeitsschutzgesetz"。江平回信写了所

问法律译名的俄文名称。

几百个问题，几百个答复，好几十封来信，无法在此全部列出。

有的法典，我们不仅是问外文原名，而且对法典内容及其相关译名掌握不住的，便向写这个条目的肖蔚云请教。他回信说：“英国1928年的《男女平等选举权法》……从原文及条文来看，译人民代表法或男女选举权平等法都可以，因为标题写了这两个意思，而且此法第八条规定：‘（一）本法得称为人民代表（男女选举权平等）法。一九一八年至一九二六年之人民代表法及本法得总称为人民代表法。’此法的英文原文是：The Representation of the People (Equal Franchise) Act 1928……”

得到了法学家们的指教，明确了法典及条约的内容，才得以确定译名并予以统一。

在统一了法典译名的同时，也统一了法典的年份。例如德国民法典在有的稿件中用1896年，有的稿件中用1900年。法律有通过年、公布年、施行年，潘念之主张用公布年，1900年就是德国民法典的公布年。

《法学》卷的译名统一，是在向几十位作者请教、得到几十封详细具体的答复的基础上完成的，并最终编制出《外国人名译名对照表》《外国和国际组织机构译名对照表》和《外国法律和国际条约译名对照表》。为了避免错误，这些表最后再次请李浩培、沈宗灵审定才付排付印。这三张表刊登在《法学》卷第889~914页。《外国法律和国际条约译名对照表》，共有829部法典或条约的原名和译名对照，潘念之看了非常高兴，认为这项工作很有意义。这项工作得以完成，是由于有法学家在百忙中不厌其烦的指教和帮助。

后面是法学家答复刘深的许多回信中的几封。

中华人民共和国外交部便笺

刘深同志：

关于福希尔和海德的外文全名、国籍、生卒年见另纸，请查收。

关于英国劳埃德委员会的问题，我的意见已交李浩培同志，据李告，已请王名扬同志转交，请费宗祎同志参阅。

此致

敬礼

倪征 敬

1984.4.9

福希尔 Paul Fauchille (French), 1858-1926

海德 Charles Cheney Hyde (US), 1873-1952

倪征 来信

中国政法大学

蓬绥同志：

来信收悉。刚刚参加完司法部召开的教育改革座谈会，见到你的来信。关于所提的问题查核了一下俄文原文是：постоянное местожительство. 有时也用 постоянное место жительства 这两种用法完全一样。因为前一词就是由后二词组成。但二者译法却有时不同，一个字的 местожительство 通常译为“住所”，成为一个专有名词。而分开二词 место жительства 时常译为居住地。而按苏联民法解释，住所即公民经常或主要的居住地。这样就造成译词的混乱。按理说这段话应译为“……是被继承人的最后经常居住地”，这样更明确。但苏联没有像西方民法那样明确地划分住所、居所，它的 место пребывание 也可译为居所，也可译为逗留地。因此，把在住所前面加个定语“经常”也是可以的，以区别临时住所。例如的俄国民法译本中的

中国政法大学

最后“经常住所”还是改为“最后经常居住地”你可再斟酌一下。如果要和该译本一致还是不改为好，以免又引起新混乱。

以上意见仅供参考。

法学季何时问世，念念。希望能在国庆35周年见到她！

敬祝

夏安

江平 7月11日

江平来信

中国社会科学院法学研究所

刘泽同志：

3月29日来信收悉。

①西德的法律都有一个全称，有一个简称（二者都是正式名称，即原来通过时的名称），还有一个缩写。

《青工保护法》的全称是"Gesetz zum Schutze der Arbeitenjugend"，简称是《Jugendarbeitsschutzgesetz》，缩写是 JArbSchG （1976年4月12日）

"Arbeitenjugend"是"劳动青年"，所以可以译成《青工保护法》。

②"电信法"的全称是：

Gesetz über die Verwaltung der Deutschen Bundespost（1953年7月24日）

简称是 Postverwaltungsgesetz

照字面译是《德国邮政管理法》

中国社会科学院法学研究所

③ Gesetz zur Ordnung des Wasserhaushalts

(Wasserhaushaltsgesetz — WHG

（1976年10月16日）

照字面译成中文，无适当字样可以表达。简译为《水法》也可以。《水政管理法》似乎不合我们习惯。

专复，致

敬礼

谢怀栻

4月10

谢怀栻来信

刘瑛同志：

8月2日来函收到，简复如下。

据英国 Lord Lloyd of Hampstead（伦敦大学法学教授）著 "Introduction to Jurisprudence" (1979年 4th ed. Stevens & Sons) pp. 468-476 载
542-552

洛文格 Lee Loevinger

舒伯特 Glendon A. Schubert

生卒年未查到。暑期中本图书馆关门，仅据我手边所有。

请代候张道修同志。

祝

好

沈宗灵

8月5日

沈宗灵来信

北京大学

道修同志：

来信早已收到，因学期结束工作太多，加以我系正与美国美利坚大学举办了一个暑期法律讲习班，琐事太繁，未能及时回信，请谅。

我所写大百科条目，资料都查对过，来信询问英国1928年的《男女平等选举权法》问题，我又查对了一次。此法从原文及条文来看，译人民代表法或男女选举权平等法都可以，因为标题写了这两个意思，而且此法第八条规定：“(一)本法得称为人民代表（男女选举权平等）法。一九一八年至一九二八年之人民代表法及本法得总称为人民代表法。”此法的英文原文是：

The Representation of the People (Equal Franchise) Act 1928

全译应为《一九二八年人民代表（平等选举权）法》。

专此函复，并致

敬礼！

肖蔚云 1984.7.27.

肖蔚云来信

年 月 日 第 页

刘富同志：惠函收悉。

1855年的"登记法"是："Loi sur la transcription hypothécaire".

"受虐待或遗弃的未成年人保护法"是："Loi sur la protection des enfants maltraités ou moralement abandonnés."

瑞典的"儿童福利法"是："Law on the protection of children and young persons".

W. Niederer.

Schäffner (Wilhelm)，也可写作Schaeffner. 各译本中Schnaeffner都是错误的，这个姓根本没有，而且这样的字不能音译为薛福纳。这表明这里作者不懂德文，只是乱抄。（ö也可写作oe.）

Römer和Bertram都是（西德）德国人。Römer著有Die Gesetzesumgehung im deutschen Internationalen Privatrecht, 1955; Bertram著有Gesetzesumgehung im Internationalen Privatrecht, 1928. 我是从Raape / Sturm: Internationales Privatrecht, 第一册, 1977, 第18节, 325页以下找到他们的学说的，但是无法找到他(们)的名字。

国际私法全部稿件已阅完，有便请惠临取去为感。此致

敬礼！

稿纸（83.1）

李浩培 四月廿八日

李浩培来信

安徽大学

刘琛同志：

来信早收到。我是上月19日来合肥的，到后就病了，没有能给你写信，拖到今天，乞谅！

首先祝贺你新婚幸福，其次你对工作的努力，认真负责，使我深为赞赏，这样踏踏实实干下去，不久就可成为专家。要是现在的年轻人都能像你那样工作学习，那我们祖国的四化，就会加速实现了。

1. 关于法国1947年《有限公司法》，原文是(La loi de la société coopérative).

2. 关于法、法令、条例等国内译文，不尽统一。因此《热那亚海法》改为《热那亚海法》以期一律。威尔斯、米兰等条例取材于《法学词典》566页，释文未记原文，《美国破产法》原稿所无，是审稿的同志加进去的。我见在桂裕的《海商法》第四页中有到1266年的《奥列隆法》(The Laws of Oleron)，可供参考。

3. 我也不懂俄文，人大有苏东研究所，关怀同志就在那里负责，不知你们能否同其联系？三是关于1973年注互合各国的协定，郭寿康译为《保护商标的协定》，似嫌过简，刘丁老师又全文直译，也嫌过繁，我们以为《保护发明、外观设计和商标协定》较好，不知你意如何？

上述问题，我曾写信给上海社会科学图书馆的老同学协助代查，可是至今还没有找到。我们是初做这类工作，实在事先布置了，问题可能较易解决，只能希望下次补正了。此致

进步！

周枏 5.12.

周枏来信

刘瀚同志：

来信收悉。

大百科法学卷"工会法"条的外文如下：

1. 英国1799年《劳工结社禁止法》

(Unlawful combination of workmen act)(英)

见 樊谢著《劳动法大纲》商务印书馆1932年版 第11页。

2. 法国1884年《职业团体法》

(Loi relative à la création des Syndicats Prefessionneis)(法)

见 樊谢著 上书 第121页。

3. 德国1869年《北德意志联邦营业法》宜改为《北德意志联邦工业劳工法》

(Gewerbeordnung)(德)

见史尚宽著《劳动法原理》台北正大印书馆1978年版 第156页。

又见 日本津田真澂著 陈任生译《劳动法原理》商务印书馆版 第25页。

4. 德国1908年《结社法》

(Vereinsgesetz)(德)

见史尚宽著《劳动法原理》台北正大印书馆1978年版 第156页。

你提到的法国1845年《营业法》，我已在代表条稿中删去，不必再找外文了。

此致

敬礼

关怀

1984.4.9

如来信可寄我家中，西郊人民大学 林园四楼九号，不必寄人大法律系，我在家时多。

搜集配图的年轻法学家

——俞建平是专家配图

总编辑姜椿芳要把《中国大百科全书》编得图文并茂，法学比较抽象，怎么配图呢?

《法学词典》上只有四张图片：罗马法、法国民法典、秦简、我国1954年宪法。学术界认为这四张图配得很有水平：罗马法是西方最早的法律，法国民法典具有西方法律里程碑的作用，秦简是最早的刊有我国法律的竹简，宪法自不必说。那么，《法学》卷上也只能刊登这样有意义的少数图片吗?

负责配图的编辑李辛海尽了最大努力，找齐了卷中古今中外人物的头像和国旗、国歌、国徽以及蒙古、汉、维吾尔、哈萨克、藏、朝鲜文字的1954年宪法等，但还远远达不到图文并茂的要求。

编委张国华知道了我们的困难，就向我们推荐了他们北大法律系1978级研究生俞建平，张国华知道他为学为人一贯认真努力。俞建平毕业后，在法律出版社担任编辑。我们便到法律出版社商量借调，承蒙法律出版社领导方昕的同意，把这位年轻的法学硕士借调给了我们。

1982年法学编辑组由出版社安排，在酒仙桥一处招待所办公。酒仙桥位于北京市区到首都机场的途中，招待所在郊区公共汽车401线的一端，另一端是东直门。俞建平住在招待所，每天要乘401公交车到东直门，再换乘公交车到二环内，四处奔波寻找图片。他到新华社、人民画报社等有图片的单位，从数以千计的图片中寻找与法有关的图片，还到历史博物馆、故宫博物院寻找与法有关的实物拍摄，每天回来都带给编辑组很大的惊喜。他找来的图片有：希腊文的公元前3世纪雅典的一项法令、楔形文字法的《苏美尔法典》和刻在石头上的一个土地诉讼案件的判决，1239年日本武家法典《御成败式目》，10世纪意大利的《阿玛尔非表》，12世纪法国的《奥莱龙法集》，中文的《世界人权宣言》，我国元代一张卖田契，明代的一张缉捕令，清代杨乃武一案开棺验尸结果的刑部奏折，世界上最早的国际条约之一、约公元前1300年刻在埃及神庙墙上的埃及法老拉美西斯二世同赫梯缔结的条约，等等。图片中，既有中国古代传说中能断疑案的神兽獬豸，又有犯灭种罪的德国法西斯大屠杀的见证——布痕瓦尔德集中营的尸堆；既有我国古代西周青铜器的刖足奴隶鬲，又有中国现代进行结婚登记的纳西族青年男女的照片，他们的脸上露出又害羞又喜不自禁的微笑。俞建平说，他找的图有的散见于一些书籍期刊中，摄影者有的在外地，他就和李辛海给这些图片的摄影者说《法学》卷准备采用，也都得到了这些摄影者同意《法学》卷转载的回复。还有一些与法有关的考古出土文物，由外省市博物馆或文管所珍藏保管，他就和李辛海写信与外地博物馆文管所联系，请求拍照寄来照片，外地这些素不相识的朋友，得知是要用于我国的百科全书《法学》卷，都大力支持，很快地不要报酬地寄来了许多珍贵照片。我们得到了并深深感谢这些至今不知姓名的热情友好人士的支援帮助。

《法学》卷出版后，共有黑白照片及图表 390 个，彩色图片 105 张。其中少数是随文而来的，例如“大陆架”“南极的法律地位”都随文寄来了示意图，“指纹学”条就附来指纹等 11 幅。卷上的图片很多都是美术编辑李辛海找来的，更多的很有价值的图片都是当时年轻的法学家俞建平四处奔波的辛勤成果。

1982 年编委集体审稿会后，俞建平回到法律出版社。再以后他执教于杭州并担任律师。对于他当年辛劳搜集图片，我们永远心存感激。

不必批判

——编委会上强有力的声音

1983年10月，《法学》卷全卷书稿整理就绪，即将付排。13日上午，在北京大学勺园，举行了付排前最后一次编委会，只请了在北京的编委参加。会上由出版社副总编辑石磊通报了《法学》卷即将付排的消息，并讨论确定了以我国1982年宪法公布时为截稿时间等问题。

编委们参加编写组审稿会，一般都要十几天的时间；全体编委审全卷书稿，更占用了1982年7月和8月两个月，这次编委会只开半天，大家感到这次会开得简单快捷。

此次会前，中共十二届二中全会于10月11日召开，会上提出清除精神污染问题。有的编委对卷中一些条目需要慎重考虑的心情是可以理解的。刑事诉讼分支收了刑事诉讼原则“无罪推定”条，“无罪推定”在1957年是作为“法言法语”而受批判的“右派”言论。在我们的历代司法实践中、在历次运动中，都是说你是什么罪就是什么罪，你若解释就是“态度不老实”，要罪上加罪的。所以在这次编委会上，有人提出对“无罪推定”这个刑事诉讼原则条，是不是要加一句批判？是不是至少要说明我们在审判刑事案件中不采用这个原则？主持这次会议的编委会主任张友渔，在会场沉默片刻后说："不必批判！这虽然是现在西方国家的刑事诉讼原则，但资产阶级革命胜利初期反对封建司法专横，是有进步意义的。"张老一言九鼎，着眼于学术，述而不论，原稿可以照发无碍了。

张老的意见实在是《法学》卷之幸！卷中"无罪推定"的释文是："……被告人在未被依法确定有罪以前，应当被视为无罪的人。""在封建君主专制国家的刑事诉讼中，实行有罪推定，被告人未确定有罪以前，就被作为罪犯对待。被告人不供认，就要受到拷打，不能证明被告人无罪，就以有罪论处。"最早明确表达无罪推定思想的是意大利法学家 C.B. 贝卡里亚，1789 年法国《人权宣言》最早从法律上规定了这一原则。

1996 年修正的《中华人民共和国刑事诉讼法》吸收了无罪推定原则的基本内容：第 12 条规定"未经人民法院依法判决，对任何人都不得确定有罪"；第 162 条规定"证据不足，不能认定被告人有罪的，应当作出证据不足、指控的犯罪不能成立的无罪判决"。现在"疑罪从无"是司法人员的口头术语。如果张友渔当年不敢拍板说不必批判，在《法学》卷这个条目后边加了批判或我国不采用这一原则的尾巴，就不符合 1996 年修正的《刑事诉讼法》了，白纸黑字印在书上，怎样能删掉呢！

主编们的包容

——出版社编排分离带来的问题

这里要记一个小插曲。

为避免付排后，由于排印出错而导致出书后学术上的错误，我们请各分支学科主编审读本分支书稿的铅印长条样，主编们欣然同意。

当时出版社有总社和分社。总社在北京，分社在上海，排版印刷归上海分社管。1983 年 11 月全卷书稿发往上海付排，等了四个月才等到上海发来的寄件——不是铅字印出的长条样，而是用老式打字机把全卷定稿重复打出的所谓“代长条”。这真是出版界从来没有过的出版程序！只因为《法学》卷之前出版的一个学科卷，在排字过程中，编辑在长条样上改动太多，给排字房造成困难，所以分社给《法学》卷的书稿重复打字打成“代长条”，编辑要改就在这上边改吧！可是我们发排的是内、外三审都通过的定稿啊！

怎么办呢？如果把这“代长条”发回上海付排，又不知几个月才能寄来真正的铅印长条样，总编辑姜椿芳为满足社会上的需要，一再希望《法学》卷尽快出版，时间来不及啊！在百般无奈之中，我们硬着头皮，把“代长条”样送请主编们审读。感谢主编们的包容，当听完我们述说原委后，都把那些“代长条”留下审读了。

潘念之也把全卷“代长条”留下了，还说缺 E 字头的。难道“代长条”上正确的就不怕排印不出错吗?

后来我们编辑组到上海，把主编们审读完了的代长条交给分社出版部，幸亏分社校对力量也强，出书后，刑法学家高铭暄说：“《法学》卷不错，书上没有错字。”（国际私法分支中有一个错字。）读者谁能知道，《法学》卷在出版过程中，担任分支学科主编的法学家们，在其间读过 200 多万字的“代长条”呢！

告诉读者有书了

——张友渔老亲自做宣传

1984年9月，《法学》卷出版。编委会主任张友渔在《人民日报》上发表文章。《我国法学家的可喜贡献——谈〈中国大百科全书·法学〉卷》，指出《法学》卷是200余位法学家作为一支整体力量编撰出来的。《北京日报》、上海《文汇报》等报都发了消息。《新闻出版报》的报道有满满的两版。法学编辑委员会委员、国际私法主编李浩培还特地写了英文的介绍文章。文章大意说，《中国大百科全书·法学》卷出版了，这本有236万字914页数以千计条目的百科全书，包括了法学各个分支学科的内容，涵盖了古今中外的法律和法律思想。撰写条目释文的原则是述而不论。这卷书是在包括张友渔、潘念之、钱端升组织的编委会领导下，会同众多法学专家，用了不到五年的时间编撰完成的。它虽是中国第一本法学百科全书，但具有可敬的学术水平。中国政府要加强法治，促进法学的发展，这本《法学》卷就是上述政策的结果，它无疑标志着中国一个新时代的开始。中国有许多外国朋友关心中国的法律及其发展，他们可以从这卷书中得到内容丰富的资料。

出版社总编辑姜椿芳一再告诫，条目释文要写得深入浅出、通俗易懂，只写基本知识，不要写得太深，百科全书不是给内行看的，是给外行看的。但是一些与法有关的单位，干部本来应当是内行，由于历史的原因不是内行，所以这些机关得到《法学》卷出版的消息，开着卡车到出版社发行部买书。当时书是由上海分社负责排版印刷出版的，一批书运到北京总社发行部，往往立刻被全部购买放到等候在那里的卡车上拉走，以至《法学》卷的作者都买不到书。

一般书出书后，出版社赠送作者几本、十本甚至百本，百科全书送不起。出版社规定，除赠书给学科编委会主任、委员和分支学科主编外，作者则依撰稿多少享受五折或七折优惠。出书后我们将优惠券寄给作者，作者却持优惠券买不到书。于是我们把甲、乙两种版本的书调到编辑部，安排专人接待作者选购。

由于供不应求，旋即再次印刷、多次印刷，供应书市，读者抢购。出版家戴文葆见到了，给我来信说："《法学》卷在书市大受欢迎，苦功下去，读者有眼。"是的，为这卷书，法学家们是下了功夫的。

附：

我国法学家的可喜贡献

——谈《中国大百科全书·法学》卷

张友渔

为适应加强社会主义法制的需要，《中国大百科全书·法学》卷现在出版了。这是我国法学家一个可喜的贡献。在编撰这一卷时，最初曾有同志对能否编出有一定水平的法学卷有所疑虑。经过法学界几年的努力，可以说法学卷在许多方面基本上达到了百科全书应当具备的水平。

法学卷客观地介绍了古今中外各种法学派别的观点，而全卷贯彻的是马克思主义的精神。例如，卷中除收有“法的分类”条，从不同的角度对法进行了不同的分类外，还另有“法的类型”条，说明人类社会在不同的历史发展阶段，存在着奴隶制法、封建制法、资本主义法、社会主义法等不同的类型，代表不同的统治阶级的利益，反映不同的统治阶级的意志。在“法”这个条目中，更加具体地阐述了法作为阶级统治工具的本质和作用。

当然，法是阶级统治的工具是从法的整体讲的，并不是所有的法律条文都是进行阶级压迫的规定。有些条文是可以适用于各个不同类型的社会和不同阶级的人的。因此，法学卷在强调法的阶级性的同时，也肯定了法的继承性。无产阶级应当、也必然会批判地继承人类文化遗产中的法律制度和法律思想。例如债的问题，在人类进入共产主义社会以前，法律就不可能不有所规定。尽管中国现在还没有制定出民法，但法学卷中设立了民法分支，包括民法的传统内容，有关债的条目约占该分支的五分之一，比较详尽地阐述了债权债务关系。

去年有一段时间，有同志提出对“无罪推定”等条应当重新审定。经编委会讨论，认为原稿可用，不必删改。马克思主义者应当运用历史唯物主义的观点看问题，对资产阶级革命时期提出的反对封建司法专横的“无罪推定”等口号，应当肯定它在历史上的进步作用。因此，卷中在“资本主义法”这个条目中，肯定了资产阶级革命时期资本主义法的进步作用，同时也指出了资产阶级统治后期资本主义法的反动本质。

由于百科全书是知识性的工具书，法学卷在强调马克思主义法学理论的同时，对资产阶级的各种反马克思主义的法学理论和一些压迫工人阶级的法律，甚至是最反动的东西，也有所介绍。例如对“塔夫脱–哈特莱法”、“反社会党人法”[①]、“南非种族隔离法”以至“法西斯主义法律思想”等，都收有专条，作了评述。

依据马列主义编撰百科全书不自中国始。法学卷还体现了中国百科全书自己的特色。

由于篇幅限制，中国法制史在法学卷中只占有不足十分之一的篇幅。怎样才能编好？编委会进行过专题讨论。大家认为在全书第一版中，首先要恰当地反映中国法制史的全貌。纠正过去认为中国法制史

① 编者注：在《法学》卷中的条目名称为“《社会党人法》”，下同。

只是刑法史的看法，全面地组织行政法、刑法、民法、经济法、诉讼法各方面的条目，否则就无从说明中国过去诸法合体、刑民不分，而且行政法在中国历史上还是比较完备的。中国法制史分支中，有些条目阐述比较精确。例如究竟什么是“以礼入法”“出礼入刑”的“礼”？法学卷中“礼”这个条目，写得就比较深入浅出。卷中同时还收有“礼治”以及提倡礼治的“儒家”及其代表人物和反对礼治的“法家”及其代表人物等一组互有关联的条目，读后对“礼”的了解可以有一个基本轮廓。

中国的法学家对中国当代的法律更为熟悉。在编委、分支学科主编及作者中，有人参加了1982年宪法的修订工作，有人参加了刑法、刑事诉讼法、民事诉讼法（试行）的制定工作，有人具有长期司法实践经验。他们撰述的条目能结合实际，说明问题。

国际法分支也具有中国特色。如“和平共处五项原则”等专条，既指出我国对国际法的贡献，也反映了第三世界的利益、要求和主张。在战争法部分，国外读者比较熟悉1946年的东京审判、伯力审判、纽伦堡审判，而不甚了解1956年的沈阳和太原审判。法学卷选收了“沈阳和太原审判”条，是很有学术价值和政治意义的。这个条目是根据原始档案撰写的，充分反映出对日本战犯区别对待、保证其合法诉讼权利、惩办与宽大相结合的精神，用事实说明这些战犯为什么终于成为加强中日友好、维护世界和平的积极分子。

参加法学卷工作的共有二百余人。但全卷编撰队伍是一支整体的力量。编委会对全卷书稿要求集体审改、集体负责把关。1982年夏，编委会执行这一决议，对全卷书稿进行了一次总的审查，为期将近两月，使一些分支得以定稿，一些分支得以提高，一些分支明确了修改补充的方向。同志们都深有感触地说，审稿会实际上是学术讨论会，只有在社会主义中国才能具备这样优越的编撰百科全书的条件。在依靠集体力量的同时，法学卷还贯彻了“双百”方针，对各家之言兼容并蓄。就经济法而论，有人认为它是随着经济的高度发展而必然产生、发展，并具有广阔前途的一个部门法；有人则认为它不过是分属于行政法和民法分支的涉及经济方面的法规。正因为它还没有定型，法学卷立足于介绍知识，设立了这一分支，并取得国务院经济法规研究中心的指导协助，使卷中经济法条目体系与中国经济立法体系接近，远远超过了传统商法的范畴。

法学卷的出版只是编撰中国百科全书法学条目的起点，也是中国法学界研究社会主义法学的一个新起点。它也存在一些缺点，例如，法学卷对古代和外国法学多所介绍，对我国当代法学介绍则相对不足，而这正是法学界应当着力研究的重点。这个情况反映了客观现实。法学研究应当适应当前立法工作的需要，中国法学界的确任重道远，大有可为。我希望、也相信我国社会主义法学研究将会取得更大的进展，因而我希望、也相信将来《中国大百科全书》第二版的法学条目将会编撰得更好。

（原载《人民日报》1984 年 12 月 28 日）

Publication of Law Volume of Chinese Encyclopedia

The volume of law of the Great Chinese Encyclopedia has just come off the press. It contains over one thousand accurate, concise yet comprehensive articles on all branches of law: law in general, constitutional law, administrative law, financial law, criminal law, criminal procedure, criminology, civil law, civil procedure, economic law, judicial organization, criminal investigation, forensic medicine, Chinese legislative history, history of Chinese legal thought, foreign law, history of foreign legal thought, public international law, private international law and international economic law. It runs to 2,362,000 words and 914 pages.

As the subjects mentioned above indicate, the volume covers the whole field of law and legal thought, past and present, Chinese as well as foreign. The guiding principle for the writing of the articles is objective statement rather than critical appraisal, so as to let the facts speak for themselves and to provide the reader with sufficient information to form his own opinion. Under the wise guidance of the Editorial Board of the Encyclopedia, whose members include such distinguished Chinese jurists as Mr. Youyu Zhang, Mr. Niantzi Lan and Professor Duansheng Qian, and with the joint effort of most legal experts of China, the work is accomplished within five years. Although it is the first publication of a legal encyclopedia in China, the academic standard it attains seems worthy of respect.

The Chinese Government is now persistently pursuing the policy of strengthening socialist legality and promoting legal studies. This volume is a natural outcome of that policy. And no doubt it marks the beginning of a new Chinese era with a new Chinese social legal system contributing greatly to the successful accomplishment of her four modernizations.

There are many friends of China in foreign countries who are interested in Chinese law and its development. To them this volume may be heartily recommended, as they will find it a rich source of information on every subject of Chinese law and legal thought.

国际私法主编李浩培用英文撰写的介绍《中国大百科全书·法学》卷的文章底稿

贯彻始终的长者潘念之

——再记我们的编委会副主任

潘念之接受张友渔的委托具体领导《法学》卷的编撰工作，是在1979年，那年他77岁。

77岁，不是终结，是开始。

潘老一直深以为憾的是，法学编委、分支学科主编和众多作者，都有非常繁忙的本职工作，没有一个人是脱产的可以专门从事《法学》卷的编撰工作，大家都是挤业余时间从事的。潘老自己也是。1979年4月30日，潘老来信说，上海社会科学院法学研究所刚刚建立，作为所长，筹划工作的繁忙自不待言，所以无法参加张友渔准备5月份在北京日坛召开的筹备会。

潘老虽然忙，但一直把《法学》卷的工作抓得很紧，把工作一步一步向前推进。

编书几年，潘老慈祥亲切地领导着我们工作，在编撰过程中的关键时刻，他老人家都强有力地把工作向前推进一步。潘老在上海，我们在北京，除很少几次当面请示汇报外，都靠书信联系。潘老几十封指示工作的信，一封封寄到北京。

是潘老在1979年9月杭州会议上，让大家讨论张友渔在日坛安排分支学科负责人拟出的选条，并根据会上所提意见进行修改，责令编辑部整理成全卷选条征求意见稿，在法学界征求意见，据以多次修改，形成全卷选条框架。

是潘老在杭州会后，督促编辑部积极准备1980年初要召开的编委扩大会议。会议3月8日召开，14日结束。潘老主持会议，组织大家讨论，会开得生气勃勃，大家兴趣盎然，情绪热烈。会上正式成立了编委会，研究了工作计划，定出各分支学科编写组的审稿日程。这次会议称为编委扩大会议，是因为潘老让约请的几十位主要作者参加，会议结束，全卷书稿撰写阶段开始。

之后编写组陆续审稿，基本完成。在工作一步步展开过程中，潘老一向尊重张友渔的意见，但张友渔提出编写组定稿就可以交编辑部处理，潘老不予认同。潘老认为还必须由编委会全体集中三个月审稿，才能保证书稿质量，成为最后定稿。由于很多编委执教于大学，编委会不可能集中三个月，于是1981年底潘老来信将三个月改为两个月，从而在1982年炎夏的7月和8月，开了两个月的编委审稿会。审稿会先是分支学科间交叉审稿，然后集中讨论审定卷中的重点条目、疑难条目和分支学科间交叉的条目。编委们夜以继日地读稿、讨论、修改、审定，使书稿在原来水平的基础上又有了相当程度的提高，大家都认为潘老决定的这次编委集体审稿很有必要。此时潘老腿肿严重，须将腿抬高才能减轻腿部的不适，在自己的房间里潘老都是架平双腿坚持读稿的。这年潘老80岁。

潘老原来的设想是，这次编委集体审稿将审定全卷书稿，然后将全卷书稿整整齐齐地交给编辑部。但事实没能达到潘老的设想，还有两个待决的问题。

一个问题是中国法制史分支收入的条目范围偏窄，必须扩大内涵，增加选条。潘念之安排中国法制史副主编吴建璠负责，完成这项工作。

另一个问题是需要增收国际经济法分支。为此，潘老自己承担了任务，于1982年底在上海召开了国际经济法学术讨论会，这次会议一箭双雕，既解决了《法学》卷增收国际经济法分支的问题，到会的上海市有关部门工作人员也提出了一些当地涉外经济的实际问题。

潘老不但领导我们工作，自己也执笔撰写。他非常重视卷中“法学”总论这个条目，在1980年3月编委扩大会议之前，他就拟出“法学”条的撰写提纲，提到会上请大家讨论。会上经大会、小会研究，大家在几份提纲中，主张采用潘老的这份。于是他请沈宗灵、吴家麟、郭宇昭、陈盛清分别写文中的一个部分，之后他对四个稿件加以修改，统为“法学”这个条目的初稿。然后将初稿打印若干份，分送全体编委和作者中的法理学家审读，提出修改意见，潘老再据以改出二稿。依同样稿序又改出三稿、四稿、五稿。其中他也曾请沈宗灵执笔修改过。潘老患有膀胱癌，改稿过程中曾做过癌体摘除手术，潘老在术后继续工作，完成“法学”五稿后，潘老住院检查，发现重生二粒癌体，再次做了手术。在医院中潘老来信，将40份在上海打印好的五稿寄来，征求意见。编委们已经一致同意，但潘老出院后不顾术后体弱，精益求精地又修改成六稿。1984年4月，潘老将六稿寄来，并附有改稿说明，说明中提出几个问题，张友渔予以解决了，潘老满意。至此，潘老才认为是定稿，交编辑部处理。

终于全卷稿齐，并经编辑部进行必要的处理，全卷定稿，并于1983年11月付排。潘老来信，对书稿付排非常高兴。这种快慰是一位老人终于完成了工作任务的快慰，是接受张友渔的委托，贯彻始终地具体领导《法学》卷的编撰工作终于取得成果的快慰。

《法学》卷1984年出版。1986年，潘老来北京参加张友渔召开的编委总结会议，他认真写了发言提纲并安排我们录音，会后修改了我们写的总结会议纪要，并嘱咐我们打印后寄给总编委会汇报。

得知潘老病危，出版社派我赶往上海探望。过去我到医院看望潘老，走时老人家都起床走出病房，送我到电梯门口。这次老人家没有起来，躺在床上说："我不怕死，只是还有一些事情没有做。"从青年时代就是忧国忧民的仁人志士，潘老遗憾没做完的是什么事呢？总应该是有利于国家民族的有关民主法治的事。

1988年收到潘老于3月10日逝世的讣告，慈祥亲切的潘老，永远离开了我们，悲痛中涌现出潘老几年来与我们相处的感人景象，不禁泪如雨下。社里派我前去吊唁，3月14日的遗体告别仪式上，潘老的长子在家属致辞时说："听了主持人读的悼词，才知道父亲是部级干部。"自己的家人都不知道老人家的级别、经历，可见老人家多么淡泊名利。而在我们心目中，潘老始终是一位慈祥亲切的长者啊！

上海社会科学院

蓮修同志：

寄来《法学》等三条复制稿，均收到看了。这些稿子比原先的作者稿要好些，基本上可以拿出去了。特别是《法学》条，经过师老审阅，提出不少宝贵意见，照他的意见再作一些修改，质量会提高，也基本上可拿出去了。这条写法，本来出自杜撰，没有把握，恐怕会贻笑大方。现在经师老审定，就放心了。不过师老指出的问题，个别地方我看时随手作了一些改动，但许多地方没有动，尤其是我国马克思主义法学部分，修改时需化一点时间，我因现在有些杂事，来不及修改，请你们改定。偷懒了，把困难留给你们，请见谅。附上注有几点意见的复制稿，供你们考虑。日后看校样时还可以稍作改动的。

又《宪法》一条第三自然段关于日本对宪和宪法名词的含义演变二句，我现在觉得可以不必说。因一、内容同中国的情况一样，不必重复。二、是中国百科，应以中国资料为主，外国的非确有根据的不必提。这二句可以使读者认为"宪法"词源是来自日本的。当时情况可能有些情况，但仅是中、日同文，现在也不必提了。你看如何？

潘念之谈"法学"条来信之一，第一页

上海社会科学院

《法学》整批稿件都完了否？八月底能否发排？能这样安排最好，如差一点，再延期若干时间也不要紧。你们确实太忙了，学科面广问题多，又没有脱产的编委人员帮忙，把许多问题都留给你们，你们太辛苦了。将来刊子出头会有无"前言"、"后记"的文字，我看把这编写过程描述一下，不要埋没你们的劳绩！

我将在下星期到杭州浙江省党校审研一些党史资料，准备到莫干山去休养几天，预定九月中回沪。这期间不必寄东西来了。有问题商量的可至迟九月中旬来信。九月以后我可以把这里的实际工作全部交卸，不久以后或是离休，或是挂一个顾问之类的名义，具体工作可以不管了。大约可以自由一点了。

七月下半月，上海天气很热，近来稍好一些了。北京天气如何？请你注意身体。发稿以后，有一段稍空闲一些的时间，你一定要抽时间休息个把月。养好身体，准备看校样排版时再战斗。

此致
敬礼！

念之
八月十六日

潘念之谈"法学"条来信之一，第二页

19 年 月 日 第 页共 页

遵信同志：

一星期前寄你一信，想已收到。《法学》条目第五稿（印）四十份，九日下午寄出，印刷品挂号。估计十四日前后可以到达。到后请从速发出，争取十月初能把多数人的意见收回来，开始整理第六稿。此稿一定要请友渔同志、王国枢同志仔细一看，并多提意见，也请编辑部先做一番工作。这样第六稿可以基本上定稿了。这样把工作移到前面做，免得将来看清样时改动太多。你看如何？

行政法稿十三条都已看了。基本上写得好的，内容也充实。可以作为一稿，再作些修改，即可定稿。我提了几点意见，另附在原稿上寄回。现在送给李家兴同志看，待他看后把他自己写的修改稿一併寄出。上次信中已谈了，周世逑写的《行政管理》一条，因他已出国，来不及修改（他要一年后才回来），请关、许二位直接修改或重写，请转达。希望行政法全部能于十一月初定稿。这样，只要十一月内再寄给一般人，把它作为稿作一次核对，定稿行政法就全部完成，不会拖全卷的后腿了。

现在我住在医院中检查膀胱，发现有二粒瘤体，已做了手术摘除，经过良好，现在再休息二三天即可出院。

《法学》条目五稿，此间留有八份，作为修改第六稿时用。寄你处四十份，供你处用。并告，祝好！

念之 十月十三日

上海立信会计纸品厂出品 16开 双线报告纸（81.9-6） 30克 打字 302-45（3492）

潘念之谈“法学”条来信之二

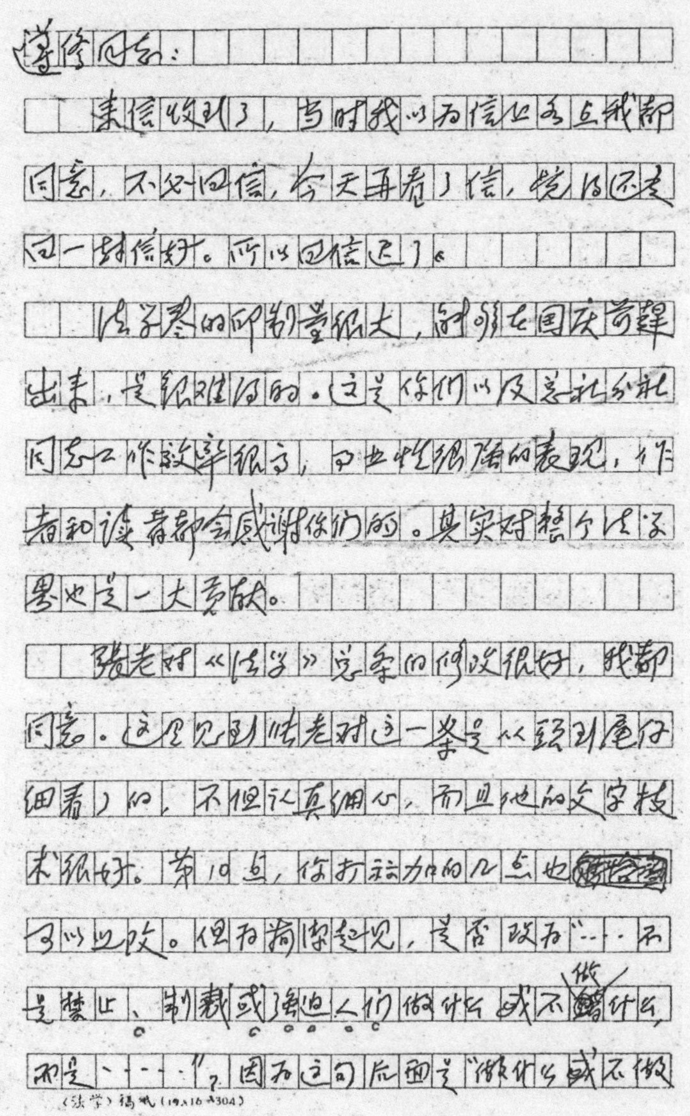

80.7.1

遂修同志：

来信收到了，当时我以为信上各点我都同意，不必回信，今天再看了信，觉得还是回一封信好。所以回信迟了。

法学卷的印刷量很大，能够在国庆前赶出来，是很难得的。这是你们以及总社分社同志工作效率很高，责任性很强的表现，作者和读者都会感谢你们的。其实对整个法学界也是一大贡献。

张老对《法学》总条的修改很好，我都同意。这里见到张老对这一条是从头到尾仔细看了的，不但认真细心，而且他的文字技术很好。第10点，你打算加的几点也可以照改。但为简洁起见，是否改为“……不是禁止、制裁或强迫人们做什么或不做什么，而是……”？因为这句后面是“做什么或不做

（法学）稿纸（19×16＝304）

潘念之谈“法学”条来信之三，第一页

什么"，是行为或不行为两方面都提的，但上面的"禁止和制裁"，只有不行为方面，没有要行为方面。您若加了"强迫"二字，即"强迫做什么"的意思，两方面都提到，上下相应了。由于前面加了"或强迫"，前面的"禁止和制裁"的"和"字可以改为"、"号。又禁止、制裁、强迫都是动词，可以直接接用"做什么或不做什么"的名词短语，不必再用"通过……手段"来搅圈子了。你看如何？再则全文最后括注"（沈宗灵……提供材料，沈宗灵参加执笔修改）"，这样，沈应对全文共同署名了，但条目下面的具名没有他，恐怕不很好。是否把括注的后半截句改为"……沈宗灵作了部分整理"，比较更近乎实际，因为他整理二三四稿（四稿实际改了几个字，没有大改动）而五稿以后，内容改得比较大，最后一节完全重新写的。沈对后几

《法学》稿纸（19×16=304）

潘念之谈"法学"条来信之三，第二页

84.7.1

将它同其他编委一样，提个一般意见，并非执笔修改到底的。这样，我方比较说得通，你看如何，或者再问问孙国华同志的意见。但不必再征求编委或陈老意见了。

关于"法和政策"一条，陈老既删去了两大段，又批"待作修改后才可用"，而他又没有修改（或者写修改意见），所以只能不用。对"政策与法的关系"说不清也不好说，近年刊物上讨论这个问题的文章，我认为都没有说清楚，现在恐怕也很不容易说。这我同意你的意见，这一条还是不用为好。现在并没有可用的稿子，如何征求意见？待找人修改好了去征求编委意见，恐怕时间赶不及。我看不收也没有什么大问题的，最多是使执笔人有意见。但这样写了不用的条目，不只是这一条，也可以这样办。祝

编安

稿纸（19×16=304）

念之（ ）

七月一日

潘念之谈"法学"条来信之三，第三页

逢修同志：

我去年十一月上旬赴福建、广东征求对《继承法》(草案)的意见，十二月十八日返京，看到您的来信和"法学"五稿。

"法学"五稿我读了两遍，感到在内容和文字方面都有很大改进，我没什么意见可提了。

由于此稿完成于新宪法通过以前，新宪法对于我国法制建设和法学发展的重大意义论述不多(见第26页)，恐须多说几句。另，援引彭真同志在十二大报告中的一段话，其中"民事诉讼法试行草案"一语，现已改正为"民事诉讼法(试行)"，请注意。又我国第一部宪法是第一届全国人民代表大会第一次会议通过的，不能说"第一次全国……"(见24页末行)。其他文字上还有个别误及不确切之处，我相信定稿时都会改正。

对苏联的法学的评价，及[illegible]的新发展和其他[illegible]对苏联法学的评价，我提不出具体修改意见。

几个月来，我没有为法学卷出过力，下一段有什么事需要我做，请告知。(电话39.8547) 我最近拟和江平、[illegible]两同志见一面，商讨一个有关事项。

此致
敬礼

新年好！

李由义 八三.一.三.

编委们读了"法学"条五稿，都表示同意。这是编委李由义的来信，信中第三和第四行写的是："'法学'五稿我读了两遍，感到在内容和文字方面都有很大改进，我没什么意见可提了。"但潘老精益求精地又改出了六稿

83.5.8

19 年 月 日 第 1 页共 4 页

修改〈法学〉（送审稿）的说明

一、本稿是第六稿，在分编委审阅第五稿后所提意见的基础上，再作一次修改，请编辑加工后，请送大百科总编辑室石磊同志和法学卷主编张友渔同志审阅。请他们修改定稿。如指出问题较大，应再修改后再送阅定稿。以后不论大改、小改，均请编辑室定稿，以求迅速。

二、这一次修改，主要在第二节、第五节及第一节（2）法学分科部份，这些修改是根据编委的原则意见，个人大胆修改的，下面再作说明。分编委对第五稿所提的具体意见（编辑室抄送的综合意见）基本都是照改了的。

三、第一节（2）法学分科部分第五稿是沈宗灵同志的原稿，并未改动。但四月下旬在上海举行的"法学理论讨论会"上，沈宗灵同志提出了论文，关于法学分科的提法已有了修改。送审稿的这一部分大体是采用沈宗灵同志的新的意见，并参照会议上其他同志的意见，斟酌修改的。在原稿第五页上个人补充了二项说明。同页原来列出我国法学分科现状21个科目，因为实际今天我国并没有统一意见，国务院硕士研究生的专业科目，

上海纸品一厂出品 16开 双线报告纸 (80.9-12) 30克 打字 202-45 (2541)

《修改〈法学〉（送审稿）的说明》第一页。潘念之寄来"法学"条六稿的同时也寄来这份改稿说明。说明的全文是潘老的夫人纽文漪的笔迹，文尾有潘老的签署

司法部教材编印书目，与法律院系开的课都不相同。在这次理论会议也有较大分歧。我们自己提出一个现行法学分科表，恐怕不很得体，也会招致非议的。因此删去不用了。又"法律社会学"（原稿第五页第八行）一词，容易发生混淆，改用"法施行学"这个名称。法律解释学不能成为一个分科，删去不提。

四、对中国古代夏商西周法学，提意见同志以为原来写得太简略了，要加补充，但现有材料是有问题的，未必可信。古书特别是《尚书》，经过秦火，在汉初已无传本，今存今文尚书是汉人凭记忆口述的，古文尚书更是托古伪造，是不可信的。现在按照所提意见，列一个小节目，本文还是从简。原稿第12页、13页的几个段落次序作了调整，以清眉目。

五、《中国历史上的法学》一节所列人名，下面注了生卒年月，但后面《西方法学》、《马克思主义法学》各节所列人名，都未注生卒年月。为了统一体例，是否一律删去？

六、第四节《马克思主义法学》一节所列经典著作（21页、22页）太多，有的同法学关系很少，是否请删去一部分？

七、第五节的节目最早是《马克思主义法学在中国的发展》后改用《中华人民共和国的法学》。我看后面一题，范围太大，要由

《修改〈法学〉（送审稿）的说明》第二页

83.5.8

19　年　月　日　第3页共4页

更全面，不好写。两者究竟用哪一个，请编辑室决定。

八、第五节文字改动的较多，实际有几页是重写的。这因为编委审阅的意见，多数认为原稿写的不很好，未能反映新中国的法学情况。这一节不易写，也有同志主张删去不写。现在作了修改，仍是个人意见，未必妥当，请编辑室考虑。或者送请张老审阅，看张老意见定夺。

九、现在的修改，先把新中国法学发展经过作简略的叙述，文字精简了一些。（原稿24、25页）其次把中国发展的马克思主义法学理论，提出五项内容：(1)从两个方面说明法的民主和专政的二方面的任务，这与过去只强调专政作用是不同的。(2)社会主义法制的两个主要原则——社会主义原则、民主原则，特别是过渡社会主义时期是如此。(3)中国法制中预防犯罪和综合治理的特点。(4)人民调解制度的创造 (5)社会主义法治和严格依法办事的原则。（今年春节，陈丕显同志在上海政法部门讲话：社会主义国家一定要实行法治）最后仍用原稿的一页作为简单的结束。这五项没有全面的根据，是自己凑合起来的，有的提法也许很不妥当。请石磊同志和张老决定，或指示重写。原稿关于人民民主专政及和平共处五项原则因属于政治问题，删去了。这一节只提到二个人名，即毛

上海纸品一厂出品 16开 双线报告纸 (80.9-12)　　30克 打字 302-45 (2541)

《修改〈法学〉（送审稿）的说明》第三页

83.5.8

19 年 月 日 第 4 页共 4 页

泽东和董必武，只提到几篇文章，主要是党的文件和宪法。我以为这是中国法制原则和法学理论的主要根据。第五行所列的一些著作多数删去不用了，不知是否得当？

总起来说：我的修改是很大胆的，（不但第三节，其他修改的也如此）大胆会有些新意，但不够谨慎妥当，会出乱子。请国栋同志、石磊同志把关。

十、关于本条署名，有几个办法：(1)法学卷分编委(2)帅老个人署名(3)原起草人：沈宗灵、郭宇昭、吴家麟、陈盛清（沈放在前面）。我赞成用分编委，大家也易于接受。如用主编署名也可以，但只列帅老一人为是，我和王珉灿同志都不宜写上。请编辑室请示帅老后决定。

十一、文内资料未逐一核对，但不会大错，最好请再查对一次。

潘念之

1983年5月8日

上海纸品一厂出品 16开 双线报告纸 (80.9-12) 30克 打字 302-15 (2541)

《修改〈法学〉（送审稿）的说明》第四页

筚路蓝缕的法学工程

——法学家们的总结

书出版了，出版后该做的一些事也做了，《法学》卷的工作该告一段落了吧，还没有。

1986 年四五月间，编委会主任张友渔要召开一次编委会，总结《法学》卷的工作。张老的号召得到编委们的热烈响应。会议在 6 月 2 日至 3 日举行，北京市的编委放下手头工作前来开会，外地编委则不远千里来到北京。6 月 1 日从北京火车站出口处走出的第一位乘客，是由博士生陪同来京的国际经济法主编、武汉大学姚梅镇教授；编委会副主任潘念之，则于 5 月底由夫人陪同来到北京。潘老听力更衰退了，要师母在会上用便条记录大家的发言，一张张递给潘老看。潘师母纽文漪就像是潘老的秘书，会上会下，为《法学》卷的编撰做了许许多多工作，但一次又一次拒绝出版社支付的报酬。潘老很重视这次总结，事先叫我们准备好录音。那时使用的还是旧式的录音带，两天的会议共录了录音带 14 盒。

那年的 6 月初北京已经很热。编委们坐在还没有空调的会议室里，谈论对《法学》卷的看法。大家认为，书出版一年半以来，虽然受到读者欢迎，也得到一些好评，但是在当时主客观条件下编撰成书，《法学》卷的水平不可能很高，总结就是要找出缺点、不足，研究如何修订以提高原有水平。

下面是那两天发言的录音摘要。

张友渔：今天开法学编委会，总结过去的工作，也讨论一下将来怎么改进。《法学》卷出版后，好像基本上反映还是好的，（问姜椿芳）不赔钱？（姜椿芳笑答：还有收益）收入也不错（全场笑）。大百科不是普及的东西，是要赔钱的，《法学》卷不赔钱，说明大家工作做得不错。当然，批评意见也有，不过很少。现在我们看也有不够的地方。那个时候，前两年写的东西，现在形势发展了，还有需要修改补充的地方。总结会早应该开，大家都忙，今天开这个会，总结一下经验：好，好在什么地方；不足之处是什么，将来怎样注意，怎样修改？

编《法学》卷，我挂了一个名，实际工作是潘老做的，请姜老讲讲，主要请潘老讲，我这是开场白，像京剧里的跳加官，跳完了。姜老讲讲吧。

姜椿芳：好，我首先要向各位编委表示敬意，表示祝贺（全场笑）。陈体强、徐平两位编委，没能看到出版，因病逝世了，他们两位做了大量的工作。《法学》卷出版后，出版社没能为《法学》卷做应有的宣传性的、座谈形式的、总结性质的、向大家表示感谢的工作，很是抱歉。今天的会场比较小，但会议的意义可不小（大家笑），是继往开来的一次关键性会议。1979 年开始筹备编《法学》卷，到 1983 年发稿，四年间做了大量非常复杂艰巨的工作，84 年出书，到现在发行 32 万册，远远供不应求。读者对《法学》卷比较满意，认为卷中古今中外的资料丰富、准确，是可以依靠、需要用的。自 1949 年法学工作停滞，现在能出这样一本书，出版界感到惊讶。过去法学被埋没了，现在突然拿出许多宝贝来，所以《法学》卷是“出土文物”（大家笑），这都有赖于编委们和法学家作者们的辛勤劳动，是法学界的学者们克服我国这一特殊情况所造成的困难取得的成绩。法律条文涉及人的生命财产、国家的权利得失，百科的条目不是法律条文，但在这方面具有一定作用，所以大家炼字造句，一再斟酌。编委们在编撰过程中有许多可歌可泣的事迹，出版社其他编辑部门常以法学编委们的这种精神，作为鼓舞、鞭策自己的榜样。我并不是在这里说几句恭维话（大家笑），这是事实。我要代表出版社向编委们表示极大的敬意和感谢。我们收到的读者反映还不全，请编委们谈谈自己的看法、听到的别人的意见，研究一下怎样修改、提高，怎样把我们的工作再向前推进一步，我们出版社还应当做些什么。谢谢大家！

张友渔：现在先介绍一下情况，潘老再总结。

（责任编辑遵嘱汇报了编撰、发行情况和一些读者的反映。）

潘念之：张老多次讲要总结《法学》卷的工作，以前没有机会，开会不容易。《法学》卷的工作是有一些经验可以总结，有长处，也有短处。总结一下，对于改进提高有好处。总结要大家来谈，由编辑部把大家意见整理出来，向总编委会汇报。编委们都有本职工作，没人全力投入《法学》卷的工作，实际上大家做了许多工作，如何评估《法学》卷，请大家谈。

《法学》卷出版后，反映比较好。在上海，书一出版，大家抢着买，卖光了，上海新华书店到外地买回来卖，又卖光了。在上海、外地都买不到书，到现在还有读者从外地写信来找我代买，我也买不到。这说明《法学》卷是合乎群众需要的。

《法学》卷实际上是1983年定稿，经过84、85、86几年来，又有许多新的问题、新的情况、新的学术研究，以后可以考虑吸收一些新的研究。例如关于法学分支学科的划分，编书当时，关于科学方面的法律、文教方面的法律，没有考虑，认为宪法下面三大法：民法、刑法、行政法，再加上诉讼法，没有跳出“六法”的圈子。在“法学”条中，谈法学的分科比较详细，那是沈宗灵同志的手笔，那时看觉得写得比较大胆，现在看还可以再补充。根据我国法制建设和外国经验，许多人提出要有新的法律部门。还有法的性质问题、立法和法的施行问题、法的监督问题，等等，要研究，在学术上应当吸收新的创见。对这些问题这次总结会不能讨论，而是要讨论如何对待这些问题。当然，即使二版收入一些新课题的条目，出版时又会有更新的课题出现。

请大家发言。

张友渔：潘老的意见很好。这次总结不是先拿出一个总结来让大家讨论，而是要大家发表意见，综合大家提出的问题进行总结。

陈守一：我有两点意见：（1）我原来估计不足，1978年王珉灿提出要编《法学词典》，我就认为搞不出来，结果搞出来了。要出《法学》卷，我信心提高了一些，认为可能性大一些，出版以后，我感到出乎我的意料之外。付排前我只读了理论分支的稿件，见书后，感到《法学》卷确实是旧中国法律文化和新中国法律文化的结合，对我国的法学界力量不能低估。我一直觉得我国法学界的力量相对于客观实际的需要是不够的，客观上发展太快了，提出问题太多，我们应接不暇。《法学》卷就是在这种情况下，集中了新老法学家的智慧和力量编撰出来的。我看了编辑部整理的读者意见，都是一些枝节问题，不是什么大问题，对于根据新形势的发展进行修订，我的信心很足。（2）社会主义建设和科学技术的发展，给法制建设和法学研究提出许多新课题。哲学家、社会学家、经济学家有些看法和法学家看法不一定相同，我们如何根据当前实际发展，结合法学理论适应这个情况，要考虑。我们应当冷静地思考各种学科的各家之言，提高法学理论水平。

李浩培：《法学》卷销路好，原因很多。第一是因为中央重视法制建设，大专院校法律系增多了，各机关单位重视法律学习了，书的出版适应了客观需要。第二是中央总的领导提出了正确的编辑方针，提出应当实事求是、反映古今中外等等，使我们在编辑稿件时有方针可以遵循。第三是编辑部做了许多工作。第四是我们全体编撰人员共同努力，但这方面工作做得还不够。

《法学》卷上有错误。山东青岛市44中石涛（音）来信问我，卷上186页第9行“国际抵触”应当是“国籍抵触”，这是漏校错误。

我们还要进一步解放思想，过去法学有许多禁区，法与政治不容易区分，如果心存恐惧，怕写出什么来被扣政治什么帽子，就不能写出符合客观实际的文章。

中国大百科全书出二版，仍然以学科分卷有利于读者购买，

一套书七八十卷，买不起，也不需要，体育对我有什么用呢？（大家笑）

对一版的修订可以考虑出增刊。三年来有许多新的发展，增刊收入应收而一版没收的条目。可以出几本增刊，将有关的分支学科合并出一本，也可以是总的增刊，大约有《法学》卷二分之一或三分之一的篇幅。

姚梅镇：国际经济法是不是一门独立的学科，国际上存在着学术观点的分歧。目前一些国家把它看作一门独立学科的趋势明显，《法学》卷上把它列为一个独立的分支学科是唯一的。我国已单独设立了国际经济法硕士、博士学位，报考研究生、博士生的人很多，经贸部等单位都需要这样的人才，我们的博士生学校都留不住。

出版社为《法学》卷做了大量工作。编辑李晓露到武汉大学来核实资料，带来一大摞卡片。我派两个研究生同他一起查，对释文中什么人什么观点，出在什么书上，查得有根有据。但是，国际经济法这个分支，在卷中比较弱，需要增补。现在《民法通则》公布了，涉外经济法规多了，外资企业法、涉外经济合同法，都很重要，百科全书上应当有所反映，增收条目。

法学现在还有禁区。我教过六法全书，教过50年代苏联模式的法学，现在教十一届三中全会以后的法学，感到现在还有50年代的模式，影响很大，如果我们不从学术上冷静分析，就写不出来真正有水平的文章。中宣部部长朱厚泽到武大，同校领导和博士生导师座谈，重点谈文化是否开放。大家认为文化还没有开放，文化不开放，就会思想僵化，社会科学就不能发展。我们必须做一些新的探索、开拓性的研究。如果头脑里还有好多禁区，社会科学不现代化，自然科学也会受到影响，大百科全书恐怕要在这方面多做一些工作。

陈盛清：编《法学》卷开始时我做了一些工作，1980年3月调到安徽大学，忙于教学，离北京又远，编“中国法制史”虎头蛇尾，由吴建播同志做了收尾工作，做得很好，我感到惭愧。

卷上国际经济法先走了一步，还需加强，中国法制史分支也还需要加强。关于行政法，在“唐六典”中，对当时的国家行政经济、机构、职能、分工都有规定；再早，《礼记》中春官、夏官、秋官、冬官也有这方面的有关规定。在考古出土文物中也发现了一些新问题，例如唐墓中仍有人殉，就与法制史有关。

严格说，法学在中国还没有形成学派，但不同的学术观点是有的，在百科全书上应当将不同观点兼收并蓄，几说并存。例如对国际私法的范畴，大国际私法和小国际私法观点都应当写出来，给读者一个全面的认识。

李由义：我是一个不好的编者，热心的读者。我做的工作不多，但我案头放着一本《法学》卷，一年365天，经常用。我虽然是科班出身，而《法学》卷里各个部门法的知识都有，我在全国人大法制工作委员会工作，一遇到不清楚的问题，就查阅。我在北京大学带过研究生，出书后，北大送我一本，单位给我一本（我们单位是人手一卷），出版社又送我一本。今年我的一个研究生毕业，留校做助教，我送他一本，对他说：“你的知识面不够广，要买很多书学习，你也没有那么多钱，送你一本大百科全书《法学》卷吧。”他高兴得不得了，拿回去逐条学习。

《民法通则》公布了，人民日报社约我写一些名词解释，我就从《法学》卷上抄写了寄去的。关于诉讼时效，司法机关、律师和其他有关人员的理解不一致，我就用卷上周枏写的“民事时效”给他们讲，他们都信服了。周枏写得明确，但不是独断的，他先比较了各国的规定，又列举了学术上的不同观点。然后讲我们的国家如何，最后写他的认识，写得很好。小平同志谈教育的三个面向：面向现代化、面向世界、面向未来。编百科全书也要这三个面向。很多外国有的好的东西，百科全书就可以写。例如在民法中，世界各国都有物权制度，我们的教材里只讲所有权，《法学》卷里写了物权、用益物权、担保物权，我给研究生讲课就照讲了。百科敢讲物权，是很开明的。这次《民法通则》把涉外民事关系的法律适用问题定进去了，是国际私法问题，而我国民法，和台湾、香港、澳门地区的不同（姚梅镇：我们是一国两制四法），就会发生法律冲突，编百科恐怕要考虑这样一些新的问题。

曾庆敏：《法学》卷出版后，在法学所大家反映都很好，认为资料丰富，观点清楚，文字简练，达到了工具书知识性强的目的，可以普及法学知识，也适用于专业人员。书编得好，总结经验是：（1）从指导思想到规格体例，规定得明确。编委们都掌握了，经历了一个相当长的过程，并不是很简单的。1979 年 3 月成立七人筹备小组姜老就讲，9 月底在杭州又讨论，1980 年 3 月在编委扩大会议上再讨论研究，是下了功夫的。（2）在总方针指导下，允许一定的灵活性。例如增加了国际经济法分支。1980 年关于国际私法是否包括国际民商事统一实体法即“大国际私法”与“小国际私法”的争论很大，随着形势的发展，势在必行，增加了国际经济法分支，效果很好。（3）出版社编辑和编委、主编同步工作。（4）出版社把关严格。

《法学》卷的缺点是：（1）小条目多了。词典是小词目，百科全书应当中条目多。（2）国际私法选条限于冲突规范，是主编学术思想的体现，是一家之言。（3）刑法分支对“类推”的观点，在不同条目中存在矛盾，发稿前就发现了，考虑文责自负，矛盾没有解决，以后还须解决。（4）“左”一点不是政治性问题，是不科学的。“左”一点有时是不自觉的。例如“保安处分”，从《辞海》至今，不断消除“左”的影响，但在《法学》卷中仍隐约可见。《辞海》说是“旧法用语”，《法学词典》写得客观一些，《法学》卷中对资本主义社会的保安处分还认为是法官推定，但从法律上讲，它也是法定主义，而不是由法官推定的。实事求是是最好的政治性，超出科学性的就不是政治性了。

法制建设和法学研究不断发展，希望出版社克服困难，在编辑部至少有一两个人长期钉住法学这个学科。

关怀：《法学》卷出版至今，各方面反映比较好，学生、研究生的评价很高。北京大学法律系、人民大学法律系都送给系里教师人手一册，市总工会送给法律顾问委员会委员人手一册，全国人大法律工作委员会委员也人手一册（李由义：不是摆样子，是要用的，要经常审查法律，读了这本书到会上才有发言权）。去年美国州立大学一位访华学者、副教授，对《法学》卷评价很好，他通过使馆找到我，说这卷书对他写中国的劳动法很有帮助。

关于修订，无论出分册还是增刊，民法和经济法不要合在一

起……（下面谈修订，略）

江平：这卷书反映了80年代法学的水平，达到了应当达到的高度，法学荒芜了这么多年，要想再提高也是不可能的。民法这一部分，过去最没有把握，因为当时“无法可依”。请示了张老（友渔），才明确了编辑方针，即我国虽然没有明确的民事立法，但是要把国际上传统的、通行的民法基本知识介绍出来。在编写过程中又产生了不同的看法。有人认为应当“以我为主”，想让百科为审判人员提供进行审判的依据，甚至还想加上案例，这种想法是不合适的。按照张老的指示，国际上民法、通行的制度，基本上都有了，周枏不但写了物权，连除斥期间、预定期间都写了。

下一步民法修订的任务最重，书是83年定稿付排的，84年《专利法》、85年《继承法》、86年《民法通则》，几乎从基本原则到具体规定，除个别合同基本原则没有变化外，都有一些变化。但我认为，原来的编辑方针应当不变（会后潘念之认为这个意见很好）。

郭宇昭：我一开始就参加了，做了一些工作，但我在百科工作中学习到的比我做的工作多。社会上对《法学》卷反映好，原因之一是有许多学术造诣很深的老专家参加了这项工作，虽然法学荒芜多年，中断了研究，但是这些位老前辈根基厚，编出书来能够达到一定的水平。

在工作中有一个突出的感觉，就是大家合作好。一是编辑部与作者亲密无间，分不出是两家，把编出这卷书作为共同的事业来完成。我们改稿，花的功夫越大，字数越少（大家笑），但是我们心甘情愿地压缩，把20万字压成10万。在编委中、各编写组中，也合作得很好，你看我的稿，我看你的稿，认真讨论，反复修改，在书上一个条目下边只署一个人的名字，实际上都是集体创作。大家同心协力，是使这本书达到一定质量的保证。

吴家麟：花了四年时间，《法学》卷出来了，不简单。文字内容、图片质量，都比我想象的好，反映不错。关于《法学》卷的质量，我们要有自知之明。因为百科从无到有，评论难免有溢美之词，我们自己心中有数，《法学》卷的水平不是很高。从当时的法学家队伍、学术气氛、禁区、框框等方面看，水平不可能很高，参考书目就列不出来。

《法学》卷的问题是：（1）《全书》70多卷，文科方面包括政、法、财经、文、史、哲、艺术，理科是天、地、生、数、理、化，法学是一门大的学科，只占一卷，比例上不相称。（2）小条目多了。许多条目只回答了是什么，没说明为什么及其来龙去脉，不同的学术观点，没有进行系统的阐述。（3）还有一些“左”的影响。有些人认为百科全书应当正确，我认为应当要求准确，正确与否是学术观点问题，须通过学术上的争鸣、实践来解决，不是工具书所能解决的。现在从书上看，好像是一统天下，没有争论了，实际上不是的。在我国，领导发言很有权威性，在南斯拉夫，领导发言只是他个人的学术上的意见，非常好。所以，我同意出分册，出增刊只能增收条目，出分册，可以对原来的条目进行增删修改，可以提高，编百科全书是要精雕细刻的。我在报上读了中宣部部长朱厚泽的讲话，非常好，有助于开展学术讨论，编好百科全书。

张国华：编第一部百科全书，《法学》卷难度大一些，书出来，国外反映不错，有自费来北京进修的一个英国人要买，买不到，我们送他一本。出国我们带10本送人，很受欢迎。

书编得好，是我们和出版社组成了一个团结的写作集体。出版社很关心、照顾我们，1982年开编委会，我老伴得了中风，不能离人，我是带着老伴在香山、党校开了两个月的会的。

过去一些认为是天经地义、百分之百正确的，现在回过头来看，是对经典有错误的理解。以中国法律思想史来说，有些该上的条目没有上，有些反面人物或者说是所谓的反面人物，为图省事，就尽量少上、不上，是不科学的。湖南现在提出对曾国藩重新评价，当然我不是要为曾国藩翻案（大家笑）。还有伪书，一些按过去说法是伪书的，从近来考古发掘看，证实并不是伪书。梁启超讲过，伪书也真真假假，保存了一些真实史料。我们应当怎样对待？对中国法律思想史的选条框架，我过去始终不满意，今后还要进一步推敲。

出分册可以弥补过去的不足。编百科全书不能粗制滥造，任务还是艰巨的。

韩德培：《法学》卷的出版难能可贵，是很不容易的，做出了成绩，应当肯定。1980年3月开编委扩大会议时，对出这本书我没有信心，因为：（1）多少年来我们的业务荒疏了。（2）没有书，烧的烧了，被抄走的被没收了。公家的书也很少。（3）我国法律当时基本上不完备，怎么介绍我国情况？及至书出版了，我看了，觉得非常好。当然不是好得不得了，是很不容易的。能在那个条件下编出这样一本书，普及法学知识，法学专业人员也可以参考，雅俗共赏，对法学界是有贡献的。

成绩的取得，首先应当归功于十一届三中全会以后党中央对法制建设工作的重视，引起社会上对了解法学知识的需要；二是编委会的领导张老（友渔）、潘老（念之）在我们遇到问题时，能及时做出决定，解决困难；三是出版社从编辑部到排印工厂的努力；四是全体撰稿人员共同的努力。

几年来法制建设发展比较快，法学界也做了一些研究，在各个领域都有很大的提高，书刊资料也比过去多了，就有了进行修订增补的需要和可能。可以出分册，也可以采用比较法的观点，对各国法律进行比较介绍，开阔视野。书上应当反映不同的学术观点，让读者了解、选择。国际经济法在书里有姚梅镇、史久镛两种观点，很好。我完全同意吴家麟的意见，搞学术，如果不让人发表意见，自由进行讨论，文化就确定搞不上去。头脑给框住了，思想不解放，话不敢讲，学术不可能繁荣发展。春秋时代百家争鸣，五四时代大家畅所欲言，建国以后本来是很好的时期，不料往往发言动辄得咎（有人插言：动辄得罪），结果大家鸦雀无声，万马齐喑，学术发展停滞，应当吸取这个严重的教训，允许、提倡、保障大胆探索，勇于开拓，我们的法学就会搞得更好。

高铭暄：出第一部百科全书的法学的学科卷，历史意义客观存在。我是搞刑法的，放一本《法学》卷在案头，查查别的部门法，有好处。

在卷上，刑法的条目比较简单，九个条目写分则，一条写一章，都是概念性的东西，家麟谈《法学》卷的水平，我们自己是心中有数的。

有些新罪，如“传授犯罪方法罪”“假冒专利罪”等等，我们都没有收条，需要增补。

《法学》卷在刑法分支中没有收“刑法学”条，在法学中，每个分支都有自己的发展，以后最好能收“宪法学”“行政法学”“民法学”等条目。

出分册，分支学科的划分是个问题。现在，学科学术争论是个难题，民法、行政法、经济法在打仗。有人不承认经济法，认为是经济行政法；有人认为经济法应当并入民法（李由义：现在讲经济立法、经济司法最多）。在教学中，有的学校采取协调办法，有的学校采取并存办法，在并存学科授课中，学科带头人认为该讲什么就讲什么，结果授课内容就有重复。《法学》卷可以通过出分册进行协调、研究。

沈宗灵：在法学长期不受重视，至今还处于相对落后的情况下，能编出这样一卷书是很不容易的。

今后任务有两个方面：（1）书供不应求，加印时做一些不动版面的挖补修改。这一工作希望能尽早地、慎重地进行。建议向所有作者征求修改意见，看是否需要做必要的改动。对于改动，各分支学科主编应当义不容辞地进行复审，主编定稿后授权编辑部直接发厂付印。要为读者设想印廉价的乙种本。（2）定期出分支学科的补编本，有修有补。定期征求作者和学科主编意见，需要修补的分支学科就出修补本，不需要出的就不出。我曾征求谢怀栻的意见，他认为他写的条目无须修改。外国法分支不必出修补本。

陈光中：《法学》卷和司法部教育司主持各个部门法的大学统

编教材，如果说它们是“划时代”的里程碑，有些吓人；如果说是法学教研进入新阶段的两个标志，并不过分。

百科全书具有国际性。去年我领队去日本，带了一些《法学》卷送给他们，他们非常欢迎，表示感谢，认为是最珍贵的礼物。他们有人是懂中文的。

在我们政法学院，读者都认为百科全书具有权威性，只是《法学》卷收的条目不够多，他们要查一些东西查不到。建议派人到一些中小城市去，听听那里读者的意见。

卷上的条目，质量不平衡。像瞿同祖的“礼”“服制”，公认具有权威性，但不是所有的条目都具有很高的水平。现在学术根基深厚的老学者还在，也出现了一批新生力量，希望以后约请作者要慎重。

各分支学科的质量也不平衡。我主编刑诉，自己就不满意。一是那时候不了解国外学术情况，引用的资料比较旧；二是编撰时间仓促，如果时间充裕一些，也许会好一些。刑事补偿制度——就是对冤假错案中受到损失的当事人进行补偿的制度、青少年犯罪诉讼程序、强制医疗程序等等，都应当研究、收条。民诉涉外特别程序没有收条，刑事也有涉外讼诉程序，国际法分支中有“国际刑法”条，反映得也不够。

《法学》卷出版后，法学编辑组没人了，抽空了，都调到其他学科卷去了。法学是一门大的学科，又新颁布了许多法律，学术研究也有发展，客观情况也有变化，希望出版社在编辑部为法学留一个人，持续注意这些、积累资料，为二版做准备。百科事业是要稳定地发展下去的，配置专职的法学编辑，这是许多编委的共同意见。

潘念之：大家都谈过了，现在谈谈我个人的意见。

总结工作，我谈四点：

（1）《法学》卷出版了，在这之前，《法学词典》就出版了，现在又有司法部主持编撰的大学统编教材，三种书性质不同，各有不同的作用。《法学》卷是第一卷综合性、学术性的大型工具书，在国内很受欢迎。我知道上海许多单位都发给每人一卷，几次开会，往往每人一册，所以我得到了好几本，我把出版社送我的最好的那本自己留下了（大家笑）。

（2）通过编撰，我们团结了一支法学家的队伍。从1952年批判“旧法观点”，法学比1957年反右更早地受打击。姜老讲了，法学家队伍原来是有的，后来法学被埋在土里了，《法学》卷是一本“出土”文物，他讲得非常形象。法学家，特别是老年法学家学术根底深厚，没有这些老法学家《法学》卷也编不出来。此后我们的法学家又发表了许多其他的著作。

（3）贯彻百家争鸣方针，我们基本上做到了对不同学说兼收并蓄、求同存异。这个方针由姜老、张老一开始就提出来，学术主张不同，有争论是正常的。陈盛清说客观上有禁区，主观上心有余悸，不能很好地做到贯彻“双百”方针，这是客观问题，心有余悸也是客观问题。在《法学》卷上，一方面阐述了作者的论点，一方面也介绍了其他不同的主张，基本上是这样，没能贯彻“双百”方针的情况是个别的。

（4）《法学》卷体现了一开始就提出的马列主义理论与中国实践相结合精神，这句话应当怎样讲大家可以考虑，是完全做到了还是基本上做到，还是做得比较差？但绝不能说是违反了、脱离了中国实践。

总之，我们是做到了编出一本书，团结了法学家的队伍，从一开始就注意贯彻“双百”方针，坚持马列主义与中国实践相结合，做得不是很好，那是另外一个问题。

工作中也有经验教训：

（1）我们的写作队伍是逐步形成扩大的，约稿是逐步进行的，稿件是逐步写出的，有的是1982年编委会后才写的，前后有一致的地方，有些稿件个别地方考虑不是很够。

（2）《法学》卷的方针计划开始时不够具体，是在工作中逐步明确起来的，因此有的工作有些反复，甚至有的稿件要重写，浪费了一些时间精力，这也是难免的。有些问题有争论，国际法有这个问题，国内法方面也有这个问题，经过研究，特别是根据张老（友渔）的决断，意见取得了统一。

（3）各分支学科间详略不同，有的详细，有的简单。法理和宪法就简单了。宪法分支限于原定字数，力求短、简，而其他学科展开来谈，资料丰富，理论也细，我们宪法就相形见绌了，重写已来不及了。行政法、经济法、国际经济法更简单，有客观原因。而宪法，不是没有材料，我们可以把宪法写成一本书。现在看，《法学》卷中古代东西比较详细，现代的东西比较简单；外国的东西比较详细，中国的东西比较简单。会后如何努力是一个大问题。对于有中国特色的马克思主义法学体系，在这一卷中表现得不充分。“法学”条有五节，最后一节讲马列主义在中国的发展，讲得也不明确。

（4）编委和各分支学科主编都是兼职，作者也是兼职，都只能业余来搞，许多会议都只能在寒暑假中召开，这样下的功夫就不可能很够。应该有一部分人（全部不可能）专职来做这项工作，脱产一年、两年，下的功夫多一些，就可以做得好一些，兼职来做，使本来应当可以做得更好一些的工作没能做到那样好。

潘老谈到这里，谈修订，于是大家开始了热烈讨论。会议一致认为不出增刊，出分册。出分支学科的分册，既有利于对一版条目的修改补充，又可使读者对一个或几个分支的部门法有比较全面的了解，至于怎样出分册，大家意见不一，主要是对哪几个分支可以合并出一个分册的看法不同。例如有人认为民法和民诉合出一本、刑法和刑诉合出一本，有人认为民诉、刑诉和行政诉讼应当合出一本；着眼点既有分支学科划分的学术问题，又考虑了编撰与读者查阅的方便。关于经济法，有人认为宜与民法合并。潘老不同意，认为不仅篇幅过大，而且二者有不协调处。潘老还说，在一版卷上，“经济法”条中，对经济法的定义写得很好，在分册上还可供读者查阅，编分册要以一版为基础。

经过讨论，大家最后认为，出分册各分支不必强求统一，每个分支可以各行其是，认为必要而且有可能出的，就先出；内容稳定认为可以不出的，就不出。如果出，一定要出得早，为《法学》卷二版做好准备。

沈宗灵提出的不动版面的小修小补，则是迫在眉睫的事，要在《法学》卷再版之前完成。

潘老说，中央提出改革的方针，经济体制的改革必然引起上层建筑的改革，形势发展很快，法学方面也有新问题、新成就。在这个形势下，编委们对编好百科全书的法学部分，寄予了殷切的期望。

编委们对修订《法学》卷的意见非常好，但会后出版社未能配置专职的法学编辑，未能出挖补版面的版本，未能出分册，只于2006年出版了《法学》修订版。

谦谦君子，师长之风

——韩德培关心《法学》卷的修订

法学编委会副主任潘念之从第一次见到编委韩德培，一直到后来多次接触，常常赞叹“韩先生谦虚”。1980 年 3 月，韩德培参加编委扩大会议时，我们没有组织会议的经验，编务给年老的韩德培买的返程车票于半夜到达武汉。我们非常抱歉，而韩先生不但没有不满意的表示，反倒一再安慰我们：“没问题，没问题，有车来接，半夜到没问题。”谈话像一位老师安慰犯了错误的学生。

韩德培生于 1911 年，《法学》卷工作起步时，老学者已年届七旬，而在我们心目中，他看似年老体弱，实际上胸中拥有一股年轻人的蓬勃朝气。为了在武汉大学重建法律学院，他在北京乘公交车四处奔走，访问朋友、物色人才。书呢，他说：“家里的书被抄了，烧了，扔了；学校图书馆里的法学书也很少了！”为此，他到有关单位找书，找到很多书由我们帮助找有复印机的机构复印，为此，武汉大学法律系还发来公函，对出版社表示感谢。为了振兴法学，他豪情满怀，对归队到法学教研岗位的朋友说：“放手搞教研，不要怕！如果再有风吹草动，那就不是我们个人的问题，而是国家发展的问题了。”

韩德培非常关心《法学》卷的工作，除1982年夏他在国外未能参加编委审稿会议外，他参加了每一次应当参加的会议，审定每一篇送请他审阅的稿件。他看稿非常仔细，就连文字上有不妥之处也都提出，例如在一篇书稿中，“其”字用得不当，他就指出“其”字只能当主语，或用于物主格，用在宾语处不对。我们不曾受教于先生，但先生像对待学生般对我们常常施教。

当《法学》卷最后要增收国际经济法分支，潘老嘱咐我们请国际经济法学权威姚梅镇担任主编。姚先生一再谦辞，后来终于同意担任主编，是因为他执教于武汉大学，作为武汉大学法学院院长的韩德培，向他介绍了《法学》卷编撰工作的过程和增收国际经济法分支学科的原委，使他体会到这个分支学科必须有人承担主编职务。这件事在很大程度上韩德培起了重要的促进作用。

编《法学》卷一版时，国际私法主编是李浩培先生。在李先生的书稿中，所有的“冲突规范”皆改为“抵触规则”。李先生说，“冲突”双方好像矛盾十分尖锐，而不同国家民商法规定有所不同，例如婚龄，一国规定为女方须满18岁结婚才合法，另一国规定为20岁，18岁或是20岁，只是规定的不同，并无尖锐的矛盾，所以将conflict译为抵触较好。编《法学》修订版时，李先生已经逝世，我们向德培先生请教，在文稿中我们是用“冲突规范”还是“抵触规则”？他说用“冲突规范”。因为，一是“冲突规范”一词在学术界使用已经约定俗成，二是“抵触有上下级关系”，例如一个国家的刑法规定不符合宪法的规定，就说刑法的规定与宪法有抵触，宪法和刑法是上、下级的关系，两国民商法之间是平行的，不是上级与下级，不宜于用抵触。编《法学》卷一版时，韩德培是编委，虽然不同意文稿中用“抵触规则”，但尊重李先生的学术思想，未予反对。

同样，他主张国际私法不限于法律冲突法，还应当包括国际民商事统一实体法。他在 1999 年 2 月 4 日来信中说：“李浩培兄坚持‘小国际私法’观点，我与他老兄不仅是老朋友，而且对他的治学精神十分敬佩，所以总不和他争论。但任何学科的内容，都是随着社会的不断变化而变化，因此我对国际私法是从历史的、发展的观点来看待的，既然它的内容已经大大扩充了，就应该加以承认并进行研究。”《法学》卷修订版的国际私法分支，由韩德培主编，内容比一版充实了许多，同时，他也十分注意不影响国际经济法分支的选条。

不记得是哪一年的国务院学位委员会，那次会上把环境法纳入经济法分支学科，韩德培认为不可。在会上，他主张环境法应当成为法学中的一个独立的分支学科，得到了学位委员会的认同。他通知我们，《法学》修订版应当增收环境法这一分支学科，而修订版主编江平已经把环境法列为一个分支学科了，两位学者见解不约而同。

韩德培 1940 年赴加拿大，进了顶尖的多伦多大学，1942 年取得硕士学位后，转到美国进了哈佛大学。他认为学位不重要，重要的是要学到能为国家发展、民族兴旺做出贡献的真学识，所以他除选修了几门著名教授的课程外，主要利用哈佛大学法学图书馆，钻研国际法、国际私法、法理学，取得了可敬的学术成就。1945 年韩德培应武汉大学校长、法学家周鲠生之约进了武汉大学。武汉大学法律系重建后，他一直没有脱离教学岗位，直到暮年行动不便，仍在家里带博士生。

韩德培于 2009 年 5 月以 98 岁高龄逝世，生前看到了他作为顾问的《法学》修订版出版。

德培先生去了。我们心中涌现出挽词:“高深学术造诣随斯人去也，道德文章风范以楷模存焉。”这也是我们对所有参加过《法学》卷编撰工作、已经仙逝的法学大师们的挽词。

武漢大學法学院

遂修同志：

您好！

这些时我把《环境法条目》仔细看完，已专用挂号寄上，请审核为盼！

这件事做完，我总的任务也就轻松许多了。若干年来，我强迫完成的任务，到现在可以告一段落了。在环境法方面，我只写了一个条目，其余都是请武大环境法研究所的老师们写的。我曾兼任这个研究所所长多年，对他们非常了解。他们都是教授，有的还是博士生导师，可以说都是对环境法造诣较深的学者。大百科第一版对环境法没有重视，将之放在《经济法》内，我曾表示过不同意见；环境法作为一个独立学科，总算摆正了它的位置了。武大环境法研究所，现在不仅设立了博士点，而且还是社会科学方面全国重点研究基地之一。人们对这一新兴学科是应该予以重视的。

词条的质量，我觉得还算不差，自然我还是希望您看后提出意见，该改的地方一定按照您的意见修改，请不必客气！北京天气凉爽了，武汉还相当热。不多写了，祝您健康愉快，一切如意！

第　页

韩德培敬上

2000年8月15日晚

韩德培关于《法学》修订版“环境法”的来信

百尺竿头，更进一步

——关于《法学》修订版

编委们在总结《法学》卷一版工作时，认为《法学》卷有待修改提高，而《中国大百科全书》第二版按音顺排列，不再按学科分卷，所以，2006年出版了《法学》修订版。修订版虽然不能达到一版编委们在总结会上提出的希望达到的水平，但总的质量比一版有了相当程度的提高。

编《法学》修订版没有成立编委会，编委会的任务由修订版的正副主编承担。主编是江平，他约请沈宗灵、陈光中担任副主编，二人欣然同意。他们三人都是《法学》卷一版编委。

沈宗灵为人、工作一向严谨，不苟言笑，在约请他担任《法学》修订版副主编时，他却笑着说："可不要让我当潘老啊！"编《法学》卷一版时，编委会主任是张友渔，副主任是潘念之，张友渔常在会上对大家说："我只是挂个名，工作都是潘老做的。"沈宗灵说他不再当"潘老"，实际上也没有当，主编任务都是江平、沈宗灵、陈光中三人共同分担完成的。

难忘陈光中编一版时的情况，他给我们编辑组提了许多宝贵意见，而且工作不厌其烦。1983 年一个春寒的日子，他到我们编辑组办公的招待所，同我们一起看刑事诉讼法分支的书稿，回答我们的提问，解决了全分支条目中我们不能解决的问题。那天招待所停电，没有暖气，冷极了，他是一个上午、一个下午、一个晚上，抱着不时换了热水的暖水袋，从清早工作到深夜的。

江平在一版是编委兼民法主编。第一次民法编写组会议由副主编周枬主持，审定了已收到的书稿。第二次编写组会议由江平主持，补充了“财产权”等欠缺的条目，审定了全分支的稿件。会场是编辑姜逸清找到的离北京政法学院比较近的位于北三环路上的一处招待所。开会期间江平正患感冒，他抱病骑自行车到会，晚饭后再骑车返校，为了参加编写组会议，他把授课安排在晚上。记不清是不是 2003 年，江平到出版社研究《法学》修订版的工作，会后他拒绝我们派车，自己走出出版社东门后，走向复兴门外，他在那边有一项活动。当年他骑自行车远去的形象，那一步一步向前走动的背影，令人难忘。这种作风，同一个小小的什么长也要别人为他撑伞遮阳，不可同日而语。

他们三位主持编出的《法学》修订版，共有 23 个分支学和 290 万字，内容比一版有所增加，丰富了许多；法理学、宪法、国际经济法等分支学科的质量都比一版有较大提高。

1．法理学

一版收了法学基础理论的一些条目，修订版设立了法理学分支学科，由沈宗灵主编，比一版内容丰富，学术性也较强。

这个分支收了“法理学”条，说明法理学是研究有关法的产生、本质、形式、特征、作用、发展及其制定、实施等基本概念、原理和知识的学科。在大陆法系国家，尤其是德国，通常称为“法律哲学”，是法学的一门重要理论学科。

在法学基础理论中，一版收了“权利”条，修订版还收了“权力”条，一版收了“法制”条，修订版更收了“法治”条。这个分支还收了“法律要素”“法的价值”“法的作用”“法律责任”“法律推理”“法律文化”等条。以“法律推理”为例，这个条目的释文说，法律推理是人的逻辑思维在法律领域中的运用。其运用不仅限于法官制决，刑事案件的侦查活动中也运用。在法律运用过程中通常使用刑事推理，有案例说明，必要时司法人员还须根据实际情况，作更高层次的实质推理。

这个分支有的文章，还为读者提供了中、外书籍的参考书目。

2. 宪法

在《法学》一版中，宪法分支学科是宪法主编潘念之认为过于简略而深感遗憾的分支学科。修订版出版时，如果潘念之老人家还在，对宪法分支可能是比较满意的。编一版时，潘老作为宪法主编，严格局限于最初编委会分配给宪法分支的字数，以至宪法分支在卷中条目太少，内容过于简略，与其他分支学科比重不当，潘老深以为憾。修订版宪法分支由吴家麟主编，内容比一版大为丰富。关于公民的权利义务，在一版中只有“公民基本权利和义务”“中华人民共和国公民的基本权利”“中华人民共和国公民的基本义务”三条；修订版中在“公民基本权利和义务”版块中，共收有“公民”“公民权”“人权”“公民的基本权利”“公民的基本义务”“中华人民共和国公民的基本权利”“中华人民共和国公民的基本义务”和“人身自由”“言论自由”“出版自由”“集会结社自由”“游行示威自由”“人格尊严不受侵犯”“知情权”“隐私权”“华侨正当权益”等20多种具体权利条目。一版宪法分支中只有49个条目，修订版中有124个条目。本分支还收了“宪法的基本原则”，包括“基本人权原则”“人民主权原则”等，关于宪法保障制度收有“违宪审查制度”，一版也有这个条目，修订版还收了“宪政”条。

3．国际经济法

潘老对一版中的宪法分支内容简略感到遗憾，国际经济法分支主编姚梅镇对国际经济法分支内容的简略也深以为憾。之所以简略的原因在前边有所记述。如果姚先生还在，应当对修订版中的国际经济法分支比较满意。

编修订版时，陈安已回国在厦门大学担任法学院院长，我们前往说明江平邀请他担任国际经济法分支学科主编时，他欣然接受，并约院里曾华群、徐崇利担任副主编。在修订版上的国际经济法，是整整齐齐的包括总论、重要文献、基本原则、国际贸易法、国际投资法、国际货币金融法、国际税法、海事法（见商法中的海商法）等方面的将近100个条目，比一版40多个条目增加一倍以上。

一版和修订版中的分类目录，国际经济法都排在最后，他们三位正副主编的名字在“法学修订版主编名单”页上自然也排在最后，我曾用英语成语对陈安说“the last，but not the least”，陈安也是笑。非常糟糕的是，在186页陈安写的“国际经济法”的图解，图印错了，无法更改，陈安很不高兴，任何作者对这样的错误都会很不高兴。我们只有永远对作者、读者深为歉疚。

4. 填补了一版的空白

修订版中增收有商法分支，主编江平。商法中包括公司法、证券法、票据法、保险法、海商法。卷中还增收有社会保障法分支，主编关怀，社会保障法中包括社会保险法、社会救济、残疾人保障等内容。此外，卷中还增收有环境法分支，主编韩德培，环境法包括环境法基本原则、环境监测、违反环境法的法律责任、国际环境法、国际环境会议、《联合国环境宣言》和《里约环境与发展宣言》等内容。

这三个分支学科的增收，填补了一版的空白。

《中华人民共和国行政诉讼法》于 1989 年 4 月 4 日通过，1990 年 10 月 1 日施行。中国有了行政诉讼法，修订版收了行政诉讼法分支，主编应松年。在这个分支里，不但有“行政诉讼”条，说明行政诉讼是当事人认为国家行政机关的行政行为构成行政违法或行政不当因而损害其合法权益，有权请求法院给予司法救济的一种手段，同时也具有行政法制监督性质；在这个分支中还设有行政诉讼的原则、当事人、参与人、举证责任、法律运用、时效、裁判、审限、抗诉和行政附带民事诉讼等条目。应松年交稿时，笑着对我们说：“行政诉讼法是民告官的法。”的确，是“民告官”的法，但是，全国老百姓都知道民可以告官，而且有理的诉讼必然胜诉，还不是一部《行政诉讼法》的公布、实施所立即能够实现的。

一卷厚厚的修订版，我无力介绍更多，更不能记述法学家们工作的细节。只说国际法吧，我们是依江平意见，请王铁崖担任国际法主编，他也乐于承担这项任务，但当时他已是暮年，无力审修书稿，并于 2003 年逝世。是参加过《法学》卷一版国际法分支学科工作的社会科学院法学所研究员王可菊根据国际法的发展，逐篇审修，将定稿交给我们的。她家离出版社较近，每次交稿，她都是走来走去，对出版社没有任何要求。只是最后将全分支书稿审定交给我们时，提出一个要求：在出书后的主编名单上，一定把王铁崖排在主编第一位，她居其次。读者从名单上是看不出全分支书稿是由她一人审修完成的。参加修订版工作的法学家们，一如既往，具有编一版时那种不计名利、不畏繁忙、不辞辛苦的工作精神，这在修订版的逐页字句中，是看不到这种精神的。

附：

主编大百科全书《法学》卷①

江平　口述

百科全书的中国特色

20世纪80年代初，大概是1982年到1984年间，我参加过一个很重大的学术活动，就是大百科全书《法学》卷的编辑出版。

对任何一个国家来说，大百科全书都是标志着一个国家学术水平的集成，或者说是一个国家文化发展的里程碑。我记得在苏联留学的时候，在图书馆看到那些国外的大百科全书，装订很精美，内容也十分丰富。那时虽然没有时间去浏览它的内容，但还是对大百科规模的宏大、内容的繁多而感到惊奇。

就中国大百科全书的编辑出版而言，1949年之后一直没有进行过相关工作。改革开放之初，邓小平讲了，中国也要搞百科全书，我们要有中国自己的百科全书。1978年国务院正式决定编辑出版《中国大百科全书》，并组建了中国大百科全书出版社。于是，当时很快就组织了一个包括所有学科的中国大百科全书总编辑委员会，有超过两万名学者

① 编者注：江平是《中国大百科全书》第一版《法学》卷中民法分支学科主编，《法学》修订版主编。

参与了《中国大百科全书》的编纂工作。

实际上，国外的大百科全书基本上都是不分学科的，无论是《不列颠百科全书》《法国百科全书》还是其他的，都没有按学科来划分，而是按字母顺序来编排。但20世纪80年代我们出《中国大百科全书》时，是按科目分卷的，其中将法学作为单独的一卷。

这种办法在当时来说有个好处，单独成为一卷的话，对于专业研究这个学科的人很方便，尤其80年代初，各个学科参考的资料非常有限。那时候，我们法学刚刚起步，《中国大百科全书·法学》卷里所包含的东西，都是本学科里最基础的东西。

《法学》卷进展比较快

大百科全书《法学》卷当时由张友渔担任主编①，我是民法学科的分科主编②。本来民法学科是佟柔教授来担任主编的③，但佟教授本职工作比较忙，而当时别的学科进度很快，民法学科却还没怎么搞，所以编辑部的人就把我调整成民法学的分科主编。

那时，每一位参与大百科全书编辑的学者，都把这当作非常重要的学术活动。基本上，每个学科都是邀请该学科最重要的精英人才来撰写相关条目，而且当时还有一个中国特色的东西，即每一条后面都有作者署名，通过这种方式表示作者对相关条目负责。

作为民法学的分科主编，应该说编纂这部分内容还是很辛苦的。

---

① 编者注：正式名称是“法学编辑委员会主任”。

② 编者注：一般称作“分支主编”。

③ 编者注：民法分支最初由周枏主编，不是佟柔主编。

我们先征集民法学应该包括的条目，然后邀请相关专家来写，还要再经过多次修改和内容核实。但总的来说，大家热情都很高，大百科全书《法学》卷在当时是进展得比较顺利的。

从整体工作进度来说，大百科全书《法学》卷进展是比较快的。1984 年 1 月[①]，大百科全书《法学》卷正式出版。在我印象中，《法学》卷可能是《中国大百科全书》系列中较早完成并出版的分卷之一。

大百科全书《法学》卷出版之后，学校当时还用科研经费购买了一批，老师们几乎人手一册。这对于当时的学术研究，起了很大的作用。虽然大百科全书的条目不算非常多，但它在一个学科内来说是自成一体的，理论体系相对比较完善，也有利于当时的教师们备课时作为参考。

中央领导接见编委

大百科全书《法学》卷的出版是当时的一件盛事。从此之后，学术界、出版界就兴起了一股长达七八年的编写工具书的热潮。但后来编辑出版的辞书越来越多，到了泛滥的程度。我的书柜里，有各种各样的工具书，大部分都是那个时候出版的，几乎法学的各个领域都有百科全书。

应该说，工具书后来编得有些走样，变成了一个很重要的商业操作。我本人就主编过《中国司法大辞典》《中国经济民商法律分解适用全集》《民商法学大辞书》，等等。我想之所以如此，首当其冲的原因就在于《中国大百科全书》的出版，在当时引起了很大的轰动。也因

① 编者注：1984 年 9 月《法学》卷正式出版。

为如此，大百科全书《法学》卷的精致和精准更值得我们怀念。

《中国大百科全书》第一版，前后延续了近 15 年时间。到 1993 年 8 月，《中国大百科全书》74 卷[①]才全部出版完毕。《中国大百科全书》全部完成出版的时候，江泽民、李鹏等中央政治局的领导同志还专门在人民大会堂接见编委会（成员）。我当时刚好站在第二排，江泽民同志走过来时，我们依顺序握手。当正好轮到江泽民同志和我握手时，记者拍摄了照片并发表在《人民日报》的头版上。有人就因此猜测，我是不是背后有什么政治背景，其实这纯粹就是一个巧合。这张照片我一直保存着。在一定程度上，这也反映了中央领导人对大百科全书编辑出版的重视。

修订更新大百科全书

这之后，我们又开始进行了两件事：一是大百科全书《法学》卷第一版的修订，二是又开始编写《中国大百科全书》第二版。

先说《法学》卷的修订版工作。这项工作是 1998 年启动的。从 1983 年到 1998 年，经过了整整 15 年。这 15 年，对于自然科学或其他人文学科来说，变化可能不算巨大，但对改革开放后的中国法学来说，这 15 年时间的变化却是非常大的。这 15 年是新中国法律体系制定和完善的重要时期，我们的大百科全书，如果连中国自己的法律发展成果都不体现，是说不过去的。

15 年间，当年一些年纪较大的编委、分科主编近一半都已去世，

① 编者注：1993 年 8 月，《中国大百科全书》第一版 66 个学科共 73 卷全部出齐。1994 年 8 月，其《总索引》卷出版。总计 74 卷。

故此中国大百科全书出版社决定由我担任《法学》卷修订版和《中国大百科全书》第二版法学的主编，来组织这项重大的工作。2006 年 1 月，《中国大百科全书 · 法学》（修订版）正式出版。修订版共有 1 484 个条目，约 238 万字[①]，涵盖了法学领域所有的部门法。

再说《中国大百科全书》第二版。1995 年 12 月，国务院正式批准第二版编纂出版立项，并先后纳入“九五”和“十五”国家重点图书出版规划。第二版的《中国大百科全书》，较第一版最大的变化，就是编排体例的变革。第二版不再按照学科分卷，而是按照拼音字母顺序编排。这与世界各国的百科全书的做法是一致的。虽然有第一版的基础，但第二版的修改量还是很大。我粗略地看了一下，第二版有一半以上的内容是重新编写的。2009 年 4 月，《中国大百科全书》第二版正式出版。

回想起来，《中国大百科全书》是我国在学术方面一个集大成的成就，我有幸三度参与其中，觉得很有纪念意义。

（原载《法制日报》2012 年 4 月 11 日，
收入本书时略有修改）

① 编者注：290 万字。

后　记

我最初决定执笔时，是由于老友于友的启发，想为出版史留下一点资料；在翻阅文档、回忆往事时，深感最应当写的，还是法学家们编撰《法学》卷的那种精神。

当时正值改革开放伊始，在国内，法和法学百废待兴。许多法律需要制定、修改，许多高等院校在恢复或新建法律系，要编写教材、培养师资；许多传媒要发表普及法律知识的文章；一些涉外经贸案件要处理；一些涉及法和法学的国际会议要参加……这些都需要法学家参与。学者们真是忙得应接不暇，而这时，还要编百科全书的《法学》卷！

在极为繁忙的情况下，法学家们抱着国家早日成为文明法治国家的渴望，不辞辛苦、不为名利地积极投入《法学》卷的编撰工作，奋力挥笔，在他们的笔下，不是书稿，是法治。其动人事迹前面记录了一些。《法学》卷的筹备工作自 1979 年 3 月开始，而法学家们投入编撰则始自 1980 年 3 月编委扩大会议，到 1983 年 11 月全卷书稿付排。有人说《法学》卷是《中国大百科全书》中一块难啃的硬骨头，而我们的法学家在三年多的时间里，完成了对书稿讨论了又讨论、压缩了又压缩、审了又审、改了又改、资料核对了再核对的《法学》卷 200 多万字书稿的工作量，仅此就足以体现出法学家们编《法学》卷的艰苦与努力。

前面记录的法学家编《法学》卷的事迹并不完全。这是因为有的法学家是唐飞霄、姜逸清、刘深三位编辑联系的，为了尽快出书，组内会上会下谈的，都是书稿，除个别情况，很少谈到学者们编撰《法学》卷的言行事迹；另一方面，是文档不全，我手边的信件文件，是当年交到我手保留下来的，并不是全卷应保留的全部档案。此外，因我年老，记忆力有所衰退，很可能有应当记录的，忘记了，前面记录的都是有文件可查和印象深刻的事，记得不太清楚的也不敢写，怕错。幸亏 1986 年编委总结会议之前，编委会副主任潘念之安排会议录音，才能记下编委们对《法学》卷的总结发言摘要。

鼓励我写这本记录的老友于友，于 102 岁高龄逝世，如果他在，或者能为此书赐一短序吧。

为了这本记录，出版社赵焱将我送到社里的文档全部复印，并将两大包沉重的复印件送到我家。我将初稿交给她后，她陆续提出很多宝贵意见，我据以进行修改补充，她一直帮助我将三稿修改完成。蒲晖是这些记录的第一读者，给了我有力的支持和鼓励。我一生用笔九十年，用电脑不到二十年，至今还是用笔方便，是蒲晖将全部文稿录入电脑，并根据一次次的修改而修改电子版。在此一并致谢。当然，我们永远敬佩和感谢的，是那些编撰《法学》卷的大师、学者们。

张遵修

2020 年 6 月 1 日